# 嵌入式高效课堂导引

陈成君 著

湘潭大学出版社

图书在版编目（CIP）数据

嵌入式高效课堂导引 / 陈成君著. -- 湘潭 : 湘潭大学出版社, 2023.3
ISBN 978-7-5687-0908-8

Ⅰ. ①嵌… Ⅱ. ①陈… Ⅲ. ①小学语文课－课堂教学－教案(教育) Ⅳ. ①G623.202

中国版本图书馆CIP数据核字(2022)第192486号

嵌入式高效课堂导引
QIANRU SHI GAOXIAO KETANG DAOYIN
陈成君 著

责任编辑：张 蔚 渠珊珊
封面设计：悟阅文化
出版发行：湘潭大学出版社
社 址：湖南省湘潭大学工程训练大楼
电 话：0731-58298960 0731-58298966（传真）
邮 编：411105
网 址：http://press, xtu. edu. cn/
印 刷：成都市兴雅致印务有限责任公司
经 销：湖南省新华书店
开 本：880mm×1230mm 1/32
印 张：7.5
字 数：195千字
版 次：2023年3月第1版
印 次：2023年3月第1次印刷
书 号：ISBN 978-7-5687-0908-8
定 价：75.00元

# 写在前面

“嵌入”在现代汉语词典中的解释：牢固地或深深地固定或树立；紧紧地埋入；镶入。嵌入式高效课堂教学设计应以学生的学习为中心。以学生学习为中心的嵌入式教学设计，是教师的一种专业和本领。随着对学习科学的研究和认识，我们越来越感到学生学习行为的复杂性。我们对学生的研究，对学习的研究还远远不够。学习是需要精心设计的，如果经常设身处地替学生着想，我们就会投入大量精力设计，让学生学得更好。

学习目标是教学设计的第一位。很多教学问题，根本上就是学习目标的问题。怎样制定和落实学习目标？把握课程理念，正确处理教与学的关系，坚持以学生的学习活动为中心，而不是教师主宰课堂。当下的语文教学仍然存在“三多三少”的状况，“三多”即教师讲得多、问得多、表演多；“三少”即学生读得少、写得少、积累少。“三多三少”，导致了语文教学长期处于少、慢、差、费的状态。要改变这种状态，一定要把“三多三少”倒过来，即教师要少讲、少问、少表演，学生要多读、多写、多积累。要改变以教师为中心的现状，最重要的是学会设计以学生的学习活动为中心的语文教学。

语文教学设计要改变高耗低效的教学现状，还要从内容解读和知识教学的误区中走出来，将丰富学生的语言经验积累，提高学生的语言表达作为教学的首要任务。这是当下语文课堂提高教学效率的有效途径。因此，语文课堂教学设计应充分利用语文情境设计口头、书面表达练习，增加学生表达实践的机会，有效地提高学生的表达能力。因为学生的语文能力是在实践中形成的，只有通过大量的语言实践活动，学生才能真正领悟语文应用规律。只有经过亲身实践主动建构的知识，才是真正有意义的生命体验。

一堂成功的教学设计，一定会有一些精彩的教学环节令人赏心悦目。或是出人意料、令人叫绝的教学引入，或是生动有趣又有实效的拓展练笔设计，或是富有创意、非常出彩的文本解读等。教学设计不仅展示出教师精湛的教学艺术、教学智慧和丰富的教学经验，也凝聚着执教者对语文教育的深入思考和良好的教学素养。

这本关于语文教学设计的论著，是我从教三十年来教学工作的一些积累。本书收录的教学设计大多是近十几年来在学校“基于课程标准的教学评一致性”研究背景下和语文学科教师反复思考、讨论、实践和总结的结果，期待能够给更多语文同行以借鉴和引导，能够给广大教师以启示。

东营垦利区第一实验小学<br>2021年3月写于垦利

# 目录

## 字词教学

## 阅读教学



## 方法指导

## 整本书阅读

## 绘本阅读

# 字词教学

《小学语文课程标准（2011版）》（以下简称《语文课程标准》）指出，低学段学生喜欢学习汉字，有主动识字写字的愿望；中高段学生对学习汉字有浓厚的兴趣，养成主动识字的习惯。学生有了主动识字的习惯，可以激发学生学习汉字的兴趣，减轻学生识字的负担，为提前进入读写奠定坚实的基础。

识字的方法多种多样，在生活中识字是非常好的一种方法。教师在识字教学的过程中，不仅仅是进行生字的音形义教学，还要重视培养学生主动识字的习惯，给学生创设识字交流的机会，让学生展示课外认识的字并给予鼓励，激发学生的识字兴趣，提高学生自主识字的积极性。

小学低年段以识字、朗读为主。识字教学不仅要完成课程标准规定的识字任务，更重要的是要教会学生识字的方法，培养学生主动识字的兴趣和习惯。有了主动识字的兴趣和习惯，那么学生认识的汉字就会越来越多。

著名特级教师于永正老师说过，目前小学语文教学中存在两个不到位，一是写字教学不到位，二是学生朗读不到位。因此在语文课堂上，教师还要重视对学生的写字进行指导，指导学生不仅要把汉字写规范、写正确，还要把汉字写得美观端正。

小学生阅读课文的障碍除生字之外，还有课文中大量的新词。指导学生学习课文中的新词，不仅可以帮助学生扫除阅读障碍，直接提高学生的阅读能力，还能扩大学生的词汇量，有效提高学生的语文素养。语文教师必须清楚认识到，正确理解并积累课文中的新词是教学每一篇课文最基本也是最重要的内容。小学生正处于语言发展的关键年龄，而词语是构成语言最基本的单位。因此，语文课应结合课文进行词语教学，帮助学生理解词义，最大限度地丰富学生的词语积累。

# 柳枝为马醉童年

## ——《一匹出色的马》教学设计与反思

**学习目标：**1. 认识“郊、泛、波、纹、葱、软、毯、异、恋、舍、求、株、拾、骑、跨”等15个生字，会读“郊外、波纹、柔软、绿毯、异常、恋恋不舍、一株、拾起、骑着、跨上、请求”等11个词语，理解“泛起、异常、恋恋不舍”等3个词语，积累运用“碧绿碧绿、葱葱绿绿、又长又细、恋恋不舍”等词语。2. 能够正确、流利地朗读课文，边读边想象画面，练习朗读句子“河水碧绿碧绿的，微风吹过，泛起层层波纹。路的一边是田野，葱葱绿绿的，非常可爱，像一片柔软的绿毯”。学习有感情地朗读课文。3. 对比朗读句子：“当我们往回走的时候，妹妹求妈妈抱她：‘我很累，走不动了，抱抱我。’”“妹妹高兴地跨上‘马’，蹦蹦跳跳地奔向前去。”体会妹妹的变化，感受爸爸的教育智慧。4. 仿照例句，展开想象，说一说自己喜欢的景物，渗透比喻这一修辞方法。

**教学重难点：**积累“碧绿碧绿的河水”这种类型的偏正词组，建构语言。仿照例句，展开想象，说一说自己喜欢的景物，渗透比喻这一修辞方法。

**教学过程：**

一、谜语导入：尾巴长长，鬃毛飘飘，既会拉车，又能奔跑。

二、板书课题，学习生字“匹”。

先板书“马”。这是一匹什么样的马？再板书“出色的”，指名学生读词组“出色的马”，最后再板书“一匹”，指导学生书写生字“匹”。

三、大屏幕出示课文插图，教师提问：你看到了怎样的春天？用一两句话描述一下。学生观察图片后交流。

四、出示句子：春天的郊外，景色异常美丽。指名学生读。识记生字“郊”（换偏旁、加一加、组词等），用换词的方法理解词语“异常”。

五、学习课文第一自然段。

1. 自由读、指名读。

2. 默读第一自然段，画出描写春天河水美丽的句子。

3. 大屏幕出示句子，指名读，识记生字“泛”，出示词语卡片，检查认读词语“泛起”。

4. 指导感情朗读。抓住词语“碧绿碧绿”，边读边想象画面，体会春天河水的美丽。

5. 词组拓展练习。河水碧绿碧绿的，还可以说“碧绿碧绿的河水”，这样的词语你还会说吗？（　　）的云朵、（　　）的枫叶……

六、学习第二自然段。

1. 自由练习朗读。抓住词语“葱葱绿绿”，借助画面，边读边想象，指导有感情地朗读，体会春天田野的美丽。

2. 把第二自然段变换形式，让学生练习朗读。

3. 出示图片，仿说练习。展开想象，选择自己喜欢的景物，小组内练习说一说，班内交流展示。

七、学习第三自然段。

自由练习朗读。出示第二个句子，练习朗读，体会理解“恋恋不舍”，并用“恋恋不舍”造句。

八、学习第四至七自然段。

1. 自由练习朗读，指名接读。

2. 出示句子，自由练习朗读，指两名学生分别读，体会妹妹的变化。思考妹妹为什么会有这样的变化？

九、再次出示文中的词语，检查认读：波纹、柔软、绿毯、拾起、骑着、跨上、葱葱绿绿、恋恋不舍。

十、作业：周末去观察寻找春天，把你看到的、闻到的、触到的写下来，可以写几句话，也可以写一首小诗，试着用上文中积累的词语，比如“碧绿碧绿、葱葱绿绿、恋恋不舍、又长又细”等，如果能配上画就更美了。

**板书设计**

一匹出色的马

碧绿碧绿

葱葱绿绿

恋恋不舍

**教学反思：**《一匹出色的马》这篇课文讲述了郊游归来的妹妹要求父母抱，却得到“一匹出色的马”而快乐回家的故事。文中以春天的郊外为背景，描写自然景象。截取生活片段，以对话展开情节叙述，解答课题设置的悬念，“一匹出色的马”其实是爸爸拾起的一根柳枝。作者灵活地运用叙事、写景、抒情的手法，表现孩子在自己的想象与游戏中获得的快乐，创造了感人的童心世界。同时，我们也能感受到，适时的关爱与正确的引导能使我们的童年更快乐。

课文贴近学生生活实际，对其中的谈话场景，学生已能身临其境地感受，而妹妹遇到的问题则是大多数学生都会遇到的，爸爸的解决方法是让妹妹在自己的想象中骑上一匹马，从而忘却了疲劳，这也会让学生在妹妹的身上找到自己的影子。在本课的教学中，教师通过质疑“一匹出色的马”是什么，来激起学生的兴趣，引导学生们走进课文。再通过朗读，引导他们想象作者笔下春天景色的美丽；通过妹妹前后的变化，感悟童心世界，体会正确的关爱方式给孩子带来的快乐。

注重引导学生在读中感悟。课堂上引导学生深入朗读课文，让学生在文字里驻足、细品，不仅有利于学生了解文章的内容，理解文章内涵，还可以在教学中引导学生学习“抓住关键词句阅读”这种基本有效的读书方法。同时，在课堂上还要注重基础字词的教学，引导学生在自主学习与合作探究的基础上学会联系上下文、换词等理解词语的方法，积累并学习运用“碧绿碧绿的河水……”等偏正词组。采用集中识字与随文识字相结合的方式，结合具体的语境，帮助学生识记生字，理解词语。

# 美丽沙滩　神奇童话

## ——《沙滩上的童话》教学设计与反思

**学习目标：**1. 用多种方法认识“堡、插、合、记”等16个生字，读准多音字“量”，会写“补”，学习用换词的方法理解“反驳、凶狠”两个词语。2. 把课文读正确、读流利，读好人物对话，感受儿童的快乐。3. 展开想象，根据提示用上提供的词语创编童话故事。

**教学重难点：**1. 把课文读正确、读流利，读好人物对话，感受儿童的快乐。2. 展开想象，能根据提示用上提供的词语创编童话故事。

**教学过程：**

一、导入

1. 同学们请看这是哪里？你喜欢在沙滩上做什么？捡贝壳、晒太阳、堆城堡。

2. 引读第一段：海边的沙滩是我们的快乐天地。

3. 揭示课题：我们今天学习的课文也和沙滩有关，题目是《沙滩上的童话》，伸出小手和老师一起书写课题。齐读课题。指名学生读。

二、初读课文

1. 请同学们打开课本自由朗读课文。注意：读准字音，读通句子，遇到难读的句子多读几遍。

2. 请6名同学接读课文，其余同学认真听。

3. 认读生字。课文读好了，生字你们都认识了吗？同桌两人合作学习生字卡，有不认识的字，你当小老师教给他。（认读完成的同学坐端正。表扬：坐姿端正、认读速度快。）

4. 开火车检查，大家一起读。

（1）读好多音字“量”。引导学生扩词并总结在生活中识字也是一种好方法。

（2）字理识记“插”字。左边是手，表明这个字与手的动作有关，右边像是杵插入臼进行舂捣，组词“插队、插曲、插入”等。把生字宝宝放入句子中还能读准确吗？指名读。“狠”这个字你是怎么记住的？“很高”的“很”把双人旁换成反犬旁。用换一换，换偏旁的方法记住了。“轰”还可以组什么词？再读课文，学习编童话。

三、学习垒城堡

1. 我们一起走进课文，读一读小伙伴是如何编织童话的，指名读第二段。（评价：你读得非常正确、流利、洪亮。）小伙伴们在沙滩上做什么呢？垒城堡。一起读词语：城堡。指名学生再来读一读“我们”是怎样垒城堡的？

2. 学习编童话（第3～5段）。

（1）看小伙伴垒城堡时还编织了童话，自由读第3～5段，找3位同学来读。换词理解“凶狠”。凶狠的魔王抢去了美丽的公主，小伙伴们肯定十分担心，十分着急。指导学生有感情朗读，读出担心、着急。

（2）认识补充，学写“补”。大家你一句我一句相互补充着、编织着童话，出示并朗读词语：补充。“补”这个字不仅要求会认，而且要求会写。仔细观察这个字的字形、结构，写好这个字需要注意什么？左右结构，结构左边是衣部，左右两部分占格大致相等，右边起笔要高，注意写紧凑。伸出小手和老师一起书写，大家在课本上描红一个写一个，对照例字，争取一个比一个写得好。教师巡视指导评价：坐姿端正、占格准确，书写正确美观等。

（3）谁愿意再来做这3个小伙伴？指名学生分角色朗读。

3. 学习第9～11段：就这样我们编织着童话，公主被魔王抢走了，我们该怎样救下公主呢？来听听这些小伙伴是怎样商量的，自由读第9～11段，指名3个同学来读。学习运用换词的方法理解。指导朗读：反驳的语气该怎么读呢？再请3个同学来读。

4. 我的方法好不好？哪个词语可以看出？指名读第12段。我们把公主救出来，你们高兴吗？让我们一起高兴地读一遍。女生齐读，男生齐读。

5. 公主在哪儿呢？自由读课文第15～19段。我们沉浸在这美丽的童话中，忘记了公主就是我的妈妈。再次齐读第一自然段。

四、总结课文，续编故事

1. 复习巩固生字：课文已经学完了，大家表现得这么好，老师奖励大家一首小儿歌，生字宝宝都藏在里面，你还认识它吗？出示生字儿歌自己读一读，齐读。

2. 编故事：同学们，生字都认识了，你会运用它吗？展开想象，根据提示，用上提供的词语创编故事。

**板书设计**

沙滩上的童话

垒城堡　编童话

**教学反思：**《沙滩上的童话》是二年级下册第四单元的一篇课文。课文描述了一群孩子在海边的沙滩上垒城堡、编童话故事的情景，充满了丰富的想象。本单元语文要素训练点为“运用学到的词语把想象的内容写出来”。《沙滩上的童话》要求学生展开想象，运用学过的词语根据开头编故事。《语文课程标准》要求二年级的学生以识字朗读为教学重点。基于课标、教材和学情，制定了三个学习目标，目标达成度好。

兴趣是最好的老师，教师在课堂上要始终关注学生，把学生放在第一位。因此本课设计了图片导入，联系生活，激发学生的学习兴趣，引读第1段，揭示课题。初读课文，简单感知课文内容；接读课文，展示学情。在课文读通、读顺的基础上，运用联系生活实际、组词、字理识记、换一换、放进语境中等多种识字方法识记生字。借助生字卡片同桌互相检查学习的形式激发学生学习生字的兴趣。授人以鱼不如授人以渔，教给孩子多种识字的方法，抓住低年级识字重点，让枯燥的识字环节变得更加有趣味性。

朗读指导炉火纯青。引领学生深入体悟课文，学习一群孩子在沙滩上垒城堡、编童话的情景，重点指导学生读好人物对话，通过多种不同形式的朗读感受儿童的快乐。通过多种形式反复地朗读，学生把课文读正确、读流利，并能够读出人物的语气，读出感情。

搭建支架续编故事。本课中第四个环节是让学生展开想象，根据提示用上提供的词语编故事。教学中，不是直接出示编故事的要求，而是依据学生的年段特点为其搭建一个支架，降低难度与要求，所以学生在课堂上续编的故事，生动有趣。因为有了教师搭建的教学支架，学生才能够做到有话可说，有话敢说。

# 以学定教节节高

——《小蝌蚪找妈妈》教学设计与反思

**学习目标：** 1. 认识“灰、迎、阿、姨、追、顶、披、鼓”等8个生字，体会“迎、追”两个动词在文中的用法，区分“迎”和“追”的不同含义，并练习用这两个动词说话。2. 能正确、流利地朗读课文，练习用上“先……然后……最后……”并结合文中的词句叙述青蛙的成长过程。3. 学习分角色朗读并试着表演，感悟小蝌蚪找妈妈的过程中对话的作用。

**教学重难点：** 能够正确、流利地朗读课文，练习用上“先……然后……最后……”并结合文中的词句叙述青蛙的成长过程。

**教学过程：**

一、导入新课，板书课题。

二、随文识字“迎、追”，区分用法，练习说话。

1. 同学们，这两个生字宝宝迷路了，你能送他们回家吗？

出示“迎、追”句子：（1）他们看见鲤鱼妈妈在教小鲤鱼捕食，就（　　）上去。（2）他们看见一只乌龟摆动着四条腿在水里游，连忙（　　）上去。选生字填空，朗读句子。再读读这两个生字，想想它们在句中的意思，你有什么发现？学生读句子中的生字。学生发现：“迎”和“追”都带有走之旁。请一名同学再读读这两个句子，其他同学注意观察图片（出示图片及句子，学生读句子，观察图片）。老师扮演鲤鱼和乌龟，谁来扮演小蝌蚪？指名一名同学读句子（一生读句子，一生上台表演，只表现出了“迎”）。指名学生评价：你觉得他演得对吗？为什么？评价一下。学生：（七嘴八舌）不对，图片上乌龟在前面，小蝌蚪在后面。指名学生上台演一演（生集体旁白，一生上台表演）。指名学生说一说“迎上去”和“追上去”的不同。学生：“迎上去”是在前面，“追上去”是在后面。老师总结：你很善于观察，通过看图片和同学的表演读懂了“迎上去”就是面对面地走到一起，而“追上去”则是从后面着急地赶上去。这两个词在这里都是描写——动作。

2. 联系生活实际拓展运用：这都是描写小蝌蚪动作的词。想一想，我们在平时的生活中，什么情况下会用到它们呢？妈妈下班回家，我迎上去看看她买了什么好东西。老师走进教室，我迎上去交作业。你很善于学习，谁会用“追上去”说句子？指名学生练习说句子。妈妈骑着电动车，我追上去让妈妈带着我。早晨，爸爸去开车，我追上去让爸爸送我上学。

3. 创设情境，练习说句子：你看见同学在前面走，你会——追上去和他一起走。你去商店买东西，看见售货员，你会——迎上去问他这个多少钱。

三、朗读课文，用上“先……然后……最后”并结合文中的词句叙述青蛙的成长过程。

1. 朗读课文第二、三、四、六自然段，请你用“____”分别画出第一句话，并连在一起读一读。

2. 学生画句子，上台展示。再让学生把这些句子按顺序连起来读一读，把你的发现和相邻的同学分享一下。

3. 第三、四自然段的第一句话都有“小蝌蚪游哇游”，还有“过了几天”“长出两条”。你有一双善于发现的眼睛，看到了这些句子中重复出现的语句。出示这四句话：

小蝌蚪游哇游，过了几天，长出两条后腿。

小蝌蚪游哇游，过了几天，长出两条前腿。

小蝌蚪游哇游，过了几天，尾巴变短了。

不知什么时候，小青蛙的尾巴已经不见了。

我们把重复出现的内容去掉，请你再连起来读一读看看还有没有新的发现。

出示：

……………………………………后腿。

……………………………………前腿。

………………………………尾巴变短了。

不知什么时候，小青蛙的尾巴已经不见了。

4. 小蝌蚪先长出后腿，又长出前腿，接下来尾巴变短了，尾巴没有了小蝌蚪就变成小青蛙了。这四个自然段的第一句话连起来就完整地说出了小蝌蚪是怎样一点一点变成小青蛙的，也就是小青蛙的生长过程。你能用上“先……然后……最后”，看着黑板，把小蝌蚪变成小青蛙的过程再说一遍吗？小蝌蚪先长出两条前腿，然后长出两条后腿，尾巴变短了。最后，尾巴不见了，小蝌蚪就变成小青蛙了。小组内练习说一说。

四、学习分角色朗读并试着表演，感悟小蝌蚪找妈妈的过程中对话的作用。

1. 出示图片，为图片配音。角色：旁白、小蝌蚪、鲤鱼、乌龟、青蛙妈妈。喜欢哪个角色，就练习读哪个角色。小组合作，展示、评比。

2. 如果小蝌蚪不去问鲤鱼和乌龟，它能找到妈妈吗？询问别人是解决问题的好办法！那如果鲤鱼和乌龟只告诉小蝌蚪“我不是你们的妈妈”，小蝌蚪就不会认出青蛙就是自己的妈妈了，就不知道妈妈长什么样了！鲤鱼和乌龟多么会说话，小蝌蚪又多么会听别人说话呀！让我们再来读读它们的话。

五、作业。

把小蝌蚪变成小青蛙的过程讲给爸爸妈妈听。

**板书设计**

小蝌蚪找妈妈

迎

追

先……然后……最后……

**教学反思：**《小蝌蚪找妈妈》是一年级下册的一篇课文，教材以童话故事的形式呈现了有关青蛙生长过程的科学知识，蕴含了从小能独立生活、遇事主动探索的道理。

“以学定教”是传统学习观的根本改变，教学《小蝌蚪找妈妈》一课，要始终立足于从学习者的角度设计教学，正视学生并非“零起点”的现实情况，遵循“跳一跳摘到果子”的原则，在深入研究学生学到什么程度的基础上确定学习目标。《语文课程标准》中指出低年段学生要“结合上下文和生活实际了解课文中词句的意思，在阅读中积累词语。借助读物中的图画阅读”。以上版块以识记生字为切入点，充分利用了课文插图和学生的实践活动及生活实际，在学生认读的基础上，把词语放入课文的语言环境中，让学生肢体参与其中，再借助图画，帮助学生理解“迎上去”和“追上去”的不同含义，并联系学生生活实际，学习正确运用这两个词语，使学生对生字的学习没有停留在“会认”的层面上，而是提升到了“会用”的层面，很好地体现了语文的“工具性”，同时在无形之中培养了学生“进一步思考”的良好思维习惯，增强了学生学习汉字的兴趣。

鲤鱼和乌龟真的很会“说话”，小蝌蚪也真的很会“听话”，教师以“给图画配音”这种活泼的形式激发学生再次朗读的兴趣，以读代讲，使学生体会到了“遇到问题主动与人交流的好处”，初步感悟到了对话在小蝌蚪找妈妈过程中的作用，为即将到来的二年级语文学习搭建了桥梁。本课渗透了现行语文课程标准针对低年级口语交际提出的“与别人交谈，态度自然大方，有礼貌”和“能认真听别人讲话，努力了解讲话的主要内容”的学习目标，为学生学习口语交际打下了基础。正因为学生对故事内容早就熟知，青蛙的生长过程似乎并不是难点，不用再教，也没什么可学。可是如果让其用语言描述就会发现，学生的语言表达不够规范，甚至没有条理。所以，教师需要帮其梳理重点语句，并铺设“坡道”，通过学习新的句式来规范学生的语言表达。这种“知识和能力”会迁移到学生将来对语言文字的学习和运用之中，是对阅读和表达的有效整合。

在课堂教学过程中，教师利用课堂生成资源，努力与学生的经验相联系，充分运用个人学、小组学、全班学、教师帮的教学方式，让学走在教之前，使学生不但学到了知识，还培养了其独特的阅读视角和良好的思维习惯。教师把课堂变成学生“生长”的地方，用发现的眼光来挖掘，以包容的方式来呈现，给学生创造“生长的空间”。

# 趣味识字　规范表达

## ——《小书包》教学设计与反思

**学习目标：**1. 能够正确认读文中的生字、新词。2. 学习写“刀、吃、本”3个生字。3. 能够正确、流利地朗读课文，练习用“先……接着……然后……最后……”这样的句式说话。

**教学重难点：**能够正确、流利地朗读课文，练习用“先……接着……然后……最后……”这样的句式说话。

**教学过程：**

一、猜谜激趣，导入新课。

1. 你们喜欢猜谜语吗？这节课我们先来猜一则谜语。

2. 课件出示谜语：四四方方肩上背，书本文具肚里装。它是我的好朋友，天天陪我把学上。（书包。）

3. 板书课题：小书包。齐读课题。

4. 课件出示带音节的词语：书包。同学们，你们会拼读吗？自己试试，注意“书”是翘舌音。谁来带领大家拼读一下？你有什么好方法可以帮助大家快速记住“书”这个字？组词：书包，课外书，书本……预设：拆分法——可以把“书”字分成三部分：由横折、横折钩组成了一个楼梯的形状，还有一个竖和一个点。然后编小口诀记住“书”字：书是小阶梯，一竖到顶点。数笔画：“书”由四笔组成，横折、横折钩、竖、点。

5. 请同学们仔细观察“包”字，看看“包”字的偏旁是什么？（课件出示：勹。）齐读“书包”。

二、合作学习，学以致用。

1. 同学们，你们的小书包里藏着什么？课本、课外书、铅笔、橡皮、本子、美术用品……今天，老师把你们书包里的文具带到黑板上了，请你们借助拼音，认真读两遍。注意把字音读正确。（课件出示：橡皮、尺子、作业本、笔袋、铅笔、转笔刀。）请同学从书包里拿出对应的物品，如果你的书包里缺少其中的某样物品，可以到老师这儿取。（课件出示：书、包、尺、作、业、本、笔、刀。）

2. 请同学们从自己的字卡中取出这8个生字，小组合作识字。要求：首先大声读出你认识的生字，并将这些字卡放在一边。然后拿出自己不认识的字卡，请小组同学教你认读并说说记住这个生字的好方法。最后将读不准的生字或者识记困难的生字卡片贴在黑板上。

3. 请同学们思考：怎样才能准确记住这几个难认的生字呢？先动脑想想，再和全班同学一起分享。笔：竹字头是竹字的变形。毛笔的上面是竹管，下面是毛。（课件出示：毛笔的图片。）你可真会观察，“笔”是会意字。总结识字方法，如比较识字：“尺”可以和“尸”进行对比，“尺”比“尸”多了一捺。“本”可以通过加一加来识记，木加一笔横变成了“本”。还可以生活识“本”字：“我的作业本上有这两个字。”认识新偏旁单人旁“亻”：我们也需要认识“作”的偏旁，是“单人旁”，和人有关，比如“你”“他”。

4. 多种形式识记生字：请同学们开小火车读字并组词；在四人小组内玩“找朋友”的游戏：将实物与词语卡片对应放好。（课件出示生字：书、包、尺、作、业、本、笔、刀。）用“尺”“本”“刀”扩词（可以列举生活中的实物来扩词）：尺子、直尺、课本、作业本、本子、书本、大刀、菜刀……

三、学习课文，培养习惯。

1. 同学们，大家已经认识这些生字了，现在让我们再来读读这些词语（课件出示：橡皮、尺子、作业本、笔袋、铅笔、转笔刀），自由练习读词语，指名学生展示。

2. 在自己的小书包里找出它们。读一个，找一样。小书包都被我们翻乱了，你们赶紧试试自己整理书包吧。

3. 谁来说说你是怎样整理书包的？提示：你们可以用“先……接着……然后……最后……”这样的句式来说话，也可以选择自己喜欢的方式来表达。我先把铅笔、橡皮放进文具盒里。我先放大的书，然后放小的书，最后放的本子和笔袋。同学们，小书包每天都陪伴着我们，是我们学习的好伙伴，我们一定要爱护它们。

四、指导写字，规范美观。

1. 同学们，现在我们已经和小书包里的“居民们”成了好朋友，相信你们更想快一点儿写出好朋友的名字。

2. 学习书写“刀”字。（课件出示：刀。）请你观察“刀”在田字格中的占位。教师范写，学生书写练习。注意笔顺，和老师一起说出笔画名称（横折钩、撇）。（课件播放动态笔顺。）写“刀”时，横折钩的折要稍向左倾斜，撇收笔与横折钩在同一水平线上。自己描红两个，再练习写两个。

3. 学习书写“尺”字。（课件出示：尺。）仔细观察“尺”字在田字格中的位置。捺要写得舒展、圆满，第二笔横起笔在横中线上。老师范写，跟老师一起书写，一边写一边说出笔画的名称（横折、横、撇、捺）。（课件播放动态笔顺）写“尺”时，“尸”的头部略扁，捺与撇的收笔在同一水平线上。

4. 学写“本”字。（课件出示：本。）这个字该怎么写才好看？横要写得平直，竖与竖中线重合要写端正，撇捺要舒展，最后一笔短横不碰到撇和捺。学生描红一个写一个。

5. 展示交流点评，修改订正。

五、出示生字儿歌，齐读，复习巩固本课所学生字。

**板书设计**

小书包

爱惜文具

学会整理

**教学反思：**语文教科书一年级上册，将识字寓于生动形象、充满童趣的情景之中。教材力图通过丰富多样的编排形式，让学生在识字的同时，了解汉字的文化内涵，使学生体会到汉字不仅有用，还很有趣。《小书包》一课，将课本、作业本、铅笔、转笔刀等学生常用的学习用具，编进了朗朗上口的儿歌中。儿歌的节奏明快、浅显易懂，不仅展示了“小书包”里的各种文具，还引导学生爱护文具，养成整理、爱惜文具的习惯。教学中，教师从一年级小学生的心理特点入手，联系儿童的生活实际，体现课文形式和内容的直观性、形象性，创设情境以调动学生多种感官参与学习活动。

多种方法识字。在本课教学中，教师采用了集中识字的方法。在教师指导的基础上，放手让学生自己学习，并创造性地采用部件组合、猜谜、组词、联系生活实际等形式，引导学生用学到的方法来学习新的生字，激发学生识字乐趣，提升学生识字能力，自主识记更多的生字。

尊重生活，关注动态生成。陶行知先生“生活即教育”的理论启示我们：一个人自呱呱坠地而长大有为，在语言发展的过程中，其思维、认知、情感、语言、词汇的源泉，乃是生活。联系儿童生活实际是教学的立足点，关注学生自主识字、流利表达是教学的重难点。教师将课后习题中单一的实践训练与学生的语言表达有机地结合起来，引导学生有序地组织语言，说清楚自己做事情的顺序。同时，教师也将语言学习和实践活动有机结合，规范学生的语言表达，不断提升学生的核心语文素养。

## 游美丽黄山　赏无限奇石

### ——《黄山奇石》教学设计与反思

**学习目标**：1. 会读、会认11个词语，会写“区”。2. 通过观察图画与理解语言文字，正确、流利、有感情地朗读课文；背诵自己喜欢的部分，积累语言。3. 通过学习课文，感受黄山石的奇妙，体会作者对黄山奇石的赞美之情。4. 看图展开想象，给其他怪石起名字，写“奇石”。

**教学重难点**：通过观察图画与理解语言文字，正确、流利、有感情地朗读课文；背诵自己喜欢的部分，积累语言；看图展开想象，给其他怪石起名字，写“奇石”。

**教学过程**：

一、谈话导入。

同学们，今天老师要带大家去一个好地方，这里就是有“天下第一奇山”之称的黄山。黄山的景色秀丽神奇，你瞧，这里有趣味横生的奇松，有翻腾的云海，有享誉海外的温泉，最有趣的就数这些奇形怪状的石头了！这节课，老师就带领大家一起游黄山，赏奇石！伸出小手跟老师一起把课题写在黑板上。（板书：黄山奇石。）谁来读读课题？黄山的奇石不仅奇特，还十分有趣呢！下面让我们赶紧打开课本，一起去欣赏欣赏那里的奇石吧！

二、初读课文，认读字词。

（一）教师范读课文。

（二）学生自由读课文。

注意把字音读准、把句子读通顺，如果哪个生字宝宝把你们难住了，你们可以让课文下面的小树叶上的拼音宝宝来帮帮忙！

（三）检查字词。

出示词语：风景区、仙桃石、尤其、石盘、山峰、胳膊、巨石、每当、脖子、著名、形状。

1. 读。带拼音自由读、小老师读、同桌读、去掉拼音指名读。小老师领读：老师要提高难度，你要领大家读一读所有的词语。小老师检查：你要检查你的教学成果，请你选一个同学考考他。老师帮你指，他要是不会，你可要再来帮帮他。开火车读。

2. 认。大家会读字音了，那字形你们会认了吗？小组讨论：在这些加点的生字里，哪些是你已经认识了的，你是用什么识字方法认识的？请大家先在小组内说一说。分享：你们小组学会了哪些字？并说说你是怎么记住这些加点字的。你说得这么好，老师送大家一个谜语：一个人，在山边。（仙。）

3.“胳膊”和“脖子”的“脖”都带着什么偏旁啊？

（1）察字观形，说出发现。你还知道哪些带有月字旁的字？大家可积累了不少带月字旁的字呢！

（2）出示图片。你们瞧，大家说的大部分字都在这上面呢。看着图片，谁来读一读？

（3）小结：月字旁的字一般都与身体有关。

三、检查巩固。

这些词语大家都会读会认了，那老师要来考考你。谁答对了，老师就把这张词语卡片送给谁。

1. 学习写“区”：找相似。“风景区”的“区”是我们这节课要求会写的生字。仔细观察，“区”和“巨”在字形上有什么相似的地方？偏旁相似。这个偏旁叫作“三框”。那我们首先注意的是“区”的笔顺，谁能一边说，一边书写？仔细观察，在田字格中，怎样才能把这个字写得又规范又美观呢？半包围结构，撇起笔在右上格，和点交叉在横中线上，竖折的竖要直，横要写平。教师范写，学生练习写。教师评价，学生自评。如果你的笔顺写对了，加一颗星；写得正确、规范，再加一颗星。

2. 学习写“巨”。学习要举一反三，我们学会了写“区”，“巨”跟它差不多，也是先写横，再写中间的部分，最后写竖折。大家试着自己写写，写完的，同桌之间互相评一评，提点建议。

3. 总结：同学们，平时只要我们注意了汉字的笔顺，注意写好它的笔画，并且研究它在田字格中的占位，就肯定能把字写好！下面让我们赶紧回到课文中，去欣赏黄山的奇石吧！

四、细品课文，欣赏奇石。

1. 大声朗读课文，思考：课文向我们重点介绍了哪几块奇石呢？请你用横线画出这些奇石的名字。猴子观海、仙桃石、仙人指路、金鸡叫天都、仙女弹琴、狮子抢球、天狗望月。

2. 黄山的这些奇石啊，光听名字就有趣极了呢！你们对哪块石头最感兴趣？请你们就读一读那一段，一边读一边在脑中仔细地想一想那块石头的样子，一会儿我们请同学起来分享。

五、读中感悟黄山奇石的有趣。

1. 在一座陡峭的山峰上，有一只“猴子”。它两只胳膊抱着腿，一动不动地蹲在山头，望着翻滚的云海。这就是有趣的“猴子观海”。指名读：你觉着这句话哪里写得有趣啊？谁还想读？“猴子观海”这么有趣，老师都忍不住想背给大家听了，想听吗？指导背诵。你们想不想来背背？老师告诉你们一个小诀窍，只要注意三个动词和一个表示形态的词“一动不动”，嘴诵就容易多了。

2. 以填空的形式练习背诵：在一座陡峭的山峰上，有一只猴子。它两只胳膊（　）着腿，（　）地（　）在山头，（　）着翻滚的云海。这就是有趣的“猴子观海”。

3. 除了有趣的“猴子观海”，你还觉着哪块奇石有趣呢？“仙人指路”就更有趣了！远远望去，那巨石真像一位仙人站在高高的山峰上，伸着手臂指向前方。指名读：读好感叹号，感叹号要读出惊叹的语气！能用你的朗读声读出感叹号的语气吗？仙人站在高高的山峰上给我们指路呢，好像在说：“小朋友，顺着这条路往前走，还可以看到好多好多有趣的奇石啊！”

4. 就说“仙桃石”吧，它好像从天上飞下来的一个大桃子，落在山顶的石盘上。学习“比喻”：“好像”告诉我们，这句话运用了什么修辞手法？你觉着这是从哪儿飞下来的一个大桃子呢？“仙桃石”非常有趣，我想大概是孙悟空偷仙桃时不小心掉到黄山上的吧！齐读，指名读“金鸡叫天都”。

六、教师总结。

黄山的风景秀丽神奇，尤其是这些怪石，真是有趣极了！课文的最后一段告诉我们还有三种奇石也非常有趣呢！那么请大家想一想这几块奇石又是什么样的呢？请你任意挑一块你觉得最有趣的，根据老师的提示，展开想象先在小组内说一说。

七、仿写。

就说“天狗望月”吧，每当月亮升起的时候，有座山峰上的几块巨石就变成了一只大狗。它一动不动地坐在山头，昂着头望着天空中的月亮。这就是有趣的“天狗望月”。

“狮子抢球”就更有趣了！看，两只威武的狮子在山峰上抢着中间的绣球，这就是“狮子抢球”。

远远望去，那座山峰上的巨石就像一位仙女坐在石凳上，伸出两只手臂好像在弹琴。每当夜幕降临，洁白的月光照在她身上，她好像在随着音乐翩翩起舞！

八、教师小结。

大家说得可真不错，黄山上还有许多叫不出名字的奇形怪状的岩石，正等着你去给它们起名字呢！而且啊，老师告诉大家，我们的祖国，风光秀丽，除了黄山还有甲天下的桂林山水，美如画的西湖，富饶的西沙群岛，正等着大家去观赏呢！

**板书设计**

黄山奇石

猴子观海

天狗望月

金鸡叫天都

……

**教学反思：**《黄山奇石》这篇课文既抽象地概括描写了黄山景色的秀丽神奇，又具体形象地描写了“仙桃石”“猴子观海”等4种奇石。语言文字形象生动极具感染力，把祖国的黄山奇石描写得活灵活现！但对学生来讲，很少有人到过黄山，没见过黄山那种变化多端、形态各异的奇石，大多数学生缺少对黄山的直观体验。在教学中，教师充分利用学生已有的知识和生活经验，借助图片，声情并茂、生动形象地强化学生的感知。

通过看图，从了解文章大意到质疑、解疑，直至突破重难点，学生明确了自己的主体地位，能充分发挥想象力，发展创造性思维。在整个教学过程中，多媒体课件凭借其形象性、直观性特点，起到了较好的辅助作用。多种形式的活动为学生提供了广阔的展示空间，极大地调动了学生的学习兴趣，使其全情投入学习中来，使课堂教学取得了事半功倍的效果。

同时，教师要有一颗慧心，做读写结合资源的开发者，在指导学生品味奇石的基础上，增加看图联想，给其他怪石起名字。在“写奇石”这一环节中，学生在与小组讨论交流之后，利用先前的语言积累，通过儿童特有的思维，写出了比文中更具有童真童趣的话语。如有的学生写道：“两只张牙舞爪的大狮子，你争我夺地抢着一个漂亮的绣球。”“一只雪白的天狗蹲在山头，呆呆地望着银盘似的月亮，它心想，我怎么把它吃掉呢？”“一位漂亮的仙女，端坐在平台上，聚精会神地弹奏一支美妙的乐曲。”这一环节也使学生的个性得以舒展，灵感得以释放，语文课堂真正成了他们可以尽情想象和创造的乐园。课堂上，教师引导学生在反复的朗读实践中实现对文本的感悟，把学习的主动权交给学生，让他们自由地去想象。相信学生的能力，珍视学生独特的感受和体验，把更多的机会、更多的思考留给学生。

# “读”占鳌头

## ——《画家和牧童》教学设计与反思

**学习目标：**1. 会认13个生字，理解“浓墨涂抹、轻笔细描、纷纷夸赞”等词语的意思，会写“抹、挤、拱”等3个形近字。2. 引导学生正确、流利、有感情地朗读课文，结合人物身份特点，揣摩人物说话的语气，读好不同人物的话。3. 理解课文内容，积累词语，体会画家的著名。

**教学重难点：**会认13个生字，理解“浓墨涂抹、轻笔细描、纷纷夸赞”等词语的意思，会写“抹、挤、拱”等3个形近字；引导学生正确、有感情地朗读课文，结合人物身份特点，体会人物说话的语气，读好不同人物的话；理解课文内容，积累词语，体会画家的著名。

**教学过程：**

一、导入新课。

今天，教室里来了两位客人，他们是谁呢？请你们仔细看板书：画家、牧童。画家写得大些，牧童写得小些。知道“画家”是干什么的吗？你们还知道什么家呢？歌唱家、企业家、文学家、小说家、发明家……请同学们一起读课题。仔细观察课题，你们发现了什么？猜一猜老师为什么这样写？同学们的猜测都很有道理，是不是这样呢？就让我们到课文中寻找答案吧。

二、整体感知。

1. 出示自学要求：请同学们自由读课文，圈出生字，读准字音，读通句子，有不认识的字互相请教。刚才在读课文的时候，有没有难读的字词？学生交流汇报。

2. 检查生字词：戴嵩、价钱、牛蝇、和蔼、购买、翘起来、驱赶、惭愧、拱手、批评、浓墨涂抹。先带拼音认读，再去掉拼音认读。开火车、小老师领读等。自主识字：说说记字方法。

3. 大家都能读准生字词了，但刚才听同学们读课文的时候，我发现有一个句子，读得不太准确，谁来读一读？出示相关句子：“两牛相斗的时候，全身的力气都用在角上。尾巴是夹在后腿中间的。”着重强调“夹”的读音，给“夹”字注音。难读的句子我们也读好了，相信课文也一定难不倒大家，请一组同学开火车，一人读一段，其他组的同学认真听。

三、品读课文。

1. 同学们的课文读得一次比一次有进步，真了不起！相信你们对文中的主人公戴嵩有了一定的了解，再读一读课文的第一自然段，想一想这一段告诉我们戴嵩是怎样的一个画家？谁来说一说？戴嵩是一个著名的画家。谁能用自己的话来说一说什么是著名呢？板书：著名。著名换一个词语还可以怎么说？板书：有名。换词也是理解词语的好方法。

2. 说戴嵩著名，那戴嵩画画的技术一定非常高超，文中有一个描写他作画的句子，大家自己来读一读。这个句子中，同学们有没有不懂的词语？（浓墨涂抹、轻笔细描。）“浓墨涂抹”和“轻笔细描”这两个词表现的是画画的技巧，（出示图片）这里有一幅画，想请一位同学来帮忙找找：哪些地方是浓墨涂抹画出来的，哪些是轻笔细描画出来的？借助生动的图片帮助学生理解词语。读懂了词语，让我们带着体会再来读读这句话，一起来感受戴嵩高超的绘画水平。齐读句子。

3. 戴嵩就是这样一会儿浓墨涂抹，一会儿轻笔细描，很快就画成了。看画的人没有不点头称赞的。大家纷纷称赞他，仔细观察课文插图，想象一下，你听到了谁的夸赞声？

（1）商人是怎么称赞他的？（出示句子）“绝妙之作”是什么意思？妙——好；绝——最，表示独一无二，没有人能赶得上；绝妙——最好；作——作品，指这幅画。请问这位商人，你为什么连着说了两遍“画得太像了，画得太像了”呀？从你的朗读中，我听出你已经忍不住要夸夸戴嵩了。谁愿意再来学学商人？让我们一起来做做这位商人，来夸赞一下戴嵩。男生集体学着夸戴嵩。

（2）学着教书先生的样子来夸一夸。（出示句子）同桌自由练一练。这牛画活了，有这种奇怪的事吗？大家表演着读一读，女生齐读。

4. 谁能看着大屏幕再来读一读？指名学生读。你们想不想看这幅众人称赞不已的画呢？我们来一起欣赏一下。（出示图片）看，这幅画真是画得栩栩如生，妙笔生花，我们不禁想起他一会儿浓墨涂抹，一会儿轻笔细描，很快就画成了。相信你有更深的理解，难怪商人会称赞。（指名学生读。）戴嵩画画不仅速度快，而且画得像，称他是著名的画家，的确是名不虚传呀！让我们一起来称赞称赞他吧！

5. 除了商人和教书先生，你觉得还会有谁来称赞他？（农民、学生、村子里的人、路过的人、另外的画家……）是啊，有这么多人（商人、教书先生、工人、农民、医生等）都在称赞戴嵩的画，所以书上说是——“围观的人看了，纷纷夸赞”。男女生分角色朗读。谁的小眼睛亮？刚才读的句子有三个词语表达的意思差不多，你来找找看？祖国的语言真是博大精深，一个意思可用多个词语来表达，再读词语积累下来。

6. 那围观的人们又是如何夸赞他的呢？学生自由说。假如你就是其中的一个围观者，目睹了戴嵩那高超的绘画技艺，你会怎么夸赞他？学生自由说。刚才两位夸赞这幅画，用上形容画作的词语，假如同学们也用上老师推荐给你们的这些词语（出示并引读这些词语：惟妙惟肖、上乘之作、神来之笔、出神入化、活灵活现、栩栩如生、妙笔生花），你们又会怎么夸赞呢？出示：“__________”我________道。小组讨论集体交流。

四、指导写字。

1. 指导书写“抹”“挤”“拱”三个字，反馈评价。

2. 戴嵩的画这么好，这么著名，怪不得我要把“画家”这两个字写得这么大。但我还想把“画家”这两个字再放大一些，请你们再读一读后面的课文内容，看看有什么理由可以把这两个字再放大点？下节课我们继续交流。

**板书设计**

画家和牧童

浓墨涂抹

轻笔细描

**教学反思：**语文教学，“读”占鳌头。尤其是低年段的阅读教学，更应该关注朗读。因此，在教学中，教师要重视对学生的朗读训练与指导，每遍都有相应的要求，循序渐进，逐步提高。学生通过读、思、悟等几个环节，将文章读通、读懂，最终使自身的言语得到丰富，能力得到发展。例如，在教学中，教师引导学生通过重点句的品读，感受戴嵩画技的高超。在读中理解“浓墨涂抹”“轻笔细描”等词语的意思，知道“夸赞”“称赞”“赞扬”表达的意思相同，是近义词。

在课堂学习的过程中，教师通过抓住相关的关联词语比较体会，指导朗读。如在学习戴嵩是一位著名画家时，当学生感受到戴嵩的著名，理解“他的画一挂出来，就有许多人观赏”时，教师引导学生去掉“一”和“就”来读，比较意思表达上的不同，从而感悟到带有“一……就……”的句式更能表达出戴嵩的著名，“他的画一挂出来，就有许多人观赏”，体会到这组关联词的作用，然后让学生读好这句话，读出他的著名，感受他的著名。抓住重点语句进行教学，不仅使学生理解了课文内容，发展了语言，真正达到了训练的目的，也很好地落实了语文学科的实践性要求。

## 家庭成员互关爱　尊老爱幼好风尚

——《看电视》教学设计与反思

**学习目标：**1. 正确认读“全、奇、妙”等14个生字和带有生字的词语，引导学生运用记偏旁、组词、生活识字、读儿歌等方法进行识字，激发识字兴趣。2. 正确、流利地朗读课文，并学习有感情地朗读课文。3. 积累运用带有“精彩”的短语。4. 读懂“奇妙”在哪里和为什么奇妙，体会家人之间的相互关爱。

**教学重难点：** 1. 认识“全、奇”等14个生字，会写“爸、全”等6个字；学习正确、流利、有感情地朗读课文，体会、明白家庭成员之间的关爱就是亲情。2. 积累运用带有“精彩”的短语，学习用“因为……所以……”说句子。

**课时安排：** 2课时

**教学过程：**

**第一课时**

一、猜谜揭题，导入新课。

今天，老师给大家带来一则谜语，请同学们边听、边看、边想。教师边猜谜语边画简笔画：小小一间房，只有一扇窗，唱歌又演戏，天天翻花样。学生一起说答案：电视。今天我们就一起来学习一首儿歌《看电视》，请同学们伸出右手跟老师一起写课题，齐读课题。

二、初读课文，识记生字词语。

学生自读课文，认识生字。要求：大声朗读课文三遍，圈画出生字词语多读几遍，遇到不认识的字借助拼音、请教同学或老师，把字音读准确，把句子读通顺。

2. 出示带拼音的生字词语，自由读、指名认读、开火车读。单独出示生字，自由认读、同桌认读、指名认读、齐读。学生交流识字方法，教师总结并指导学生运用这些识字方法在生活中识记更多的生字。

3. 出示带有生字的句子，读一读，并练习说出带有“精彩”的短语。

三、指导“家”的书写。

引导学生仔细观察田字格中“家”的结构特点，帮助学生掌握书写方法。边板书边讲解，学生描红并临写生字。提示：书写姿势要端正。

四、正确、流利地朗读课文。

1. 指名接读课文，读准字音，读通句子。

2. 对于学生出错多的词语、句子，教师订正指导多读几遍。

**第二课时**

一、复习生字、词语。

二、研读课文，体会美好心灵。

1. 大声朗读课文第2～5小节，找找“奇妙”藏在哪里？学生自读课文，找一找，画一画相关语句。

2. 学生汇报交流，教师点拨引导。

（1）身为球迷的爸爸关掉球赛，换成京剧。爸爸为什么这样做？爸爸的表现怎样？教师通过追问引导学生体会爸爸对奶奶的孝顺，并练习有感情地朗读这一小节。

（2）奶奶放弃了自己喜欢的京剧，换成足球频道，奶奶不看电视看我们，和我们一起拍手欢笑。引导学生朗读课文，体会奶奶对儿女、子孙的浓浓爱意。教师范读，指导学生自由练习有感情地朗读。

（3）关掉球赛，看音乐舞蹈。引导学生说说为什么会这样？体会家庭成员间的互相关爱之情。学生练习有感情地朗读这一小节，读出家庭成员间的互相关爱。

（4）爸爸、奶奶、妈妈、我互敬互爱，为了他人的快乐而放弃自己的爱好。所有同学有感情地朗读第5小节。

三、联系生活，情感迁移。

平时在家和爸爸妈妈、爷爷奶奶一同看电视时，你们是怎么做的？学完课文，你们有什么想法想与大家分享？以后打算怎么做？老师相信同学们都是有爱心的孩子，让我们把爱的小种子种进心里，让它生根发芽，用爱温暖我们的家人。

四、出示生字儿歌，朗读巩固本课生字。

看电视时真奇妙，
爸爸是个足球迷，
精彩球赛却关掉！
换成京剧没完没了，
我和爸爸快睡着！
京剧又换成球赛，
球员场上在飞跑，
奶奶对着我们笑！
妈妈写作真辛苦，
又换音乐和舞蹈。
看电视时真奇妙，
心中的关爱少不了，
少不了！

**板书设计**

看电视

关爱

**课后反思：**《看电视》是一篇充满温情、充满爱的小儿歌，这首儿歌生动形象地描绘了一家四口看电视的场面，巧妙地将家庭的温情与尊老爱幼的好风尚融为一体。语言虽通俗易懂、朴实无华，但却饱含深情。如果能正确引导学生好好领会其中的内涵，学生关爱家人的情感将会得到进一步升华。

在教学过程中，教师以“奇妙”为线索，让学生反复读课文，在读中理解“我家看电视奇妙在哪里”。通过反复朗读和全班的交流，同学们知道了爸爸把自己最爱看的球赛换成了京剧给奶奶看，奶奶又把京剧换成了球赛给我和爸爸看，我、爸爸和奶奶又把电视换成了妈妈爱看的频道，“奇怪”的原因是——每个人的心里都装着彼此，全家人互相关爱，这就是亲情，从而揭示了课文的主题。

在解决“这家人看电视发生了怎样奇妙的事情”这一问题时，学生采用同桌互读的形式，或在四人小组中展开讨论并汇报。当读到“身为足球迷的爸爸爱看球赛，却关掉球赛，换成京剧”“奶奶不看电视只看我们，和我们一起拍手欢笑”等句子时，教师引导学生思考原因，帮助学生通过联系上下文找到答案，并将互相关爱的美德拓展延伸到学生的生活中。此外，在本首儿歌的教学中，教师还设计拓展了生字儿歌，让学生朗读生字儿歌，进一步巩固本课学习的生字，提高识字的效果。教师引导学生在不同形式的朗读中明白文中蕴含的道理，让学生体会家庭成员之间相互的关爱，使课文蕴含的人文精神转化为培养学生良好行为的动力。

# 人与自然和谐相处

## ——《“红领巾”真好》教学设计与反思

**学习目标：** 1. 会认本课的8个生字，联系生活实际或上下文理解“蓬松、崭新、活跃”等词的含义，正确书写“领、蹦”2个生字。2. 正确、流利、有感情地朗读课文，经过反复诵读，尽量达到熟读成诵。3. 体会小鸟的活泼、可爱和机灵，感受护鸟小卫士的快乐与自豪，从小培养爱鸟护鸟的意识。

**教学重难点：** 识记生字、新词，正确、流利、有感情地朗读课文，体会小鸟的活泼、可爱和机灵，感受护鸟小卫士的快乐与自豪，从小培养爱鸟护鸟的意识。

**教学过程：**

一、谜语激趣，写字质疑。

今天，老师给大家带来了一则谜语，请认真听：“一块布料三角样，颜色鲜红真漂亮。少先队员才能有，天天佩戴不要忘。”我们要学习的这首小诗也和红领巾有关，请大家伸出小手，跟老师一起板书课题。写“领”的时候我们需要注意什么？引导学生观察，在田字格中范写，并把后面的字一气呵成地写完。请同学们描红一个，写一个“领”字。教师巡视，顺势提醒写字姿势。

二、齐读课题。

质疑课题：“红领巾”为什么加上了引号？我们一起到文中寻找答案吧！

三、初读课文，多种方法灵活识字。

1. 请大家按照自己喜欢的方式朗读课文，遇到不认识的字可以看下面的拼音，或者问老师、问同学。出示词语：叽叽喳喳、蹦蹦跳跳、扑棱棱、蓬松、活跃、鸟巢、崭新、木牌、梳理、捕捉，指名学生读。

2. 出示单个生字：叽、喳、蓬、跃、巢、棱、崭、牌、梳。自由读、齐读、指名读、开火车读。你是用什么好办法记住这些字的？可以说一个，也可以说几个。大家觉得哪个字比较难记？“棱”“蓬”“巢”。

四、深入学文，边读边悟，学习有感情朗读。

1. 标出这首小诗的小节。请三名学生分小节接读课文，其余学生做认真的小听众，边听边想：文中谁在夸“红领巾”呢？

2. 出示第1小节，自由读。教师随机指导理解并读好“叽叽喳喳”“蹦蹦跳跳”。你还会说这样的词语吗？联系上下文“又松又软”理解“蓬松”，齐读这句话。拓展词组说话练习：蓬松的什么？学生自由练习读出小鸟的可爱与快乐。出示第1小节填空练习，指导背诵。

3. 教师出示第2小节。自由读，思考：你从哪里看出这群小鸟的机灵活跃？抓住动词“扑棱棱”“飞来飞去”“捕捉害虫”等读出小鸟的活跃。学生自由读、指名同桌两人合作读。被称为“森林医生”的啄木鸟，专吃藏在树皮底下的害虫，一天能吃一千五百多只呢！补充鸟捉害虫的资料，边说边出示图片。借助拓展资料把对小鸟的佩服读出来，自由读、师生合作读、齐背。

4. 出示第3小节，师生合作读。思考：小鸟为什么夸“红领巾”真好呢？读文中相关的句子，用上“崭新”练习说话。教师出示“崭新的木牌”这句话，学生齐读这句话。师生再次合作读，教师读问句，学生读答句。

五、寻找规律，熟读成诵。

出示整首诗，配乐读；合作读：请一个学生读每小节中的问句，其余学生读答句；出示问句，引导和检查背诵，配乐诵读。

六、巩固识字，指导写字。

看看会写的字里，哪两个字的偏旁相同？指导写“蹦”。教师范写。请大家描红一个，写两个。练习写结构相同的字“跃”。

七、小结升华。

1. 帮助学生理解文中的红领巾指的是少先队员。

2. 教师总结：小鸟不仅是人类的朋友，还是环境小卫士。“红领巾”为小鸟放鸟巢、插木牌，所以小鸟说——（齐读课题）。就让我们也像“红领巾”一样，去爱护这些可爱的小生灵吧！它们也会爱我们的！让我们一起道出小鸟的心声，学生再次齐读课题。

**板书设计**

“红领巾”真好

爱

小　鸟

**教学反思：**《“红领巾”真好》是一首清新优美的儿童诗，内容贴近儿童生活实际，语言生动活泼。整篇课文采用了拟人的手法，为人们展示了一幅清新、活泼、动人的画面，唱响了一曲人与自然和谐相处的美与爱的赞歌。《语文课程标准》强调“学生是语文学习的主人，教师是学习活动的组织者和引导者。”学生是课堂学习的主人，理想的课堂教学应该是在重视他们的情感体验的基础上生成的。所以在教学中，教师应在充分挖掘学生生活经验的基础上，发挥诗歌利于学生学习朗读的优势，引导学生整体感知诗歌内涵，通过集体读、个别读、自由读、问答式读、男女生对读、师生合作读、表演读等方式，在读中悟，悟中读，培养学生的语感，使学生在兴趣盎然中体会小鸟的可爱和人与自然的和谐。

本节课注重识字教学，识字既是读文的基础，更是低年级教学的重点。只有掌握了生字，学生才能更好地朗读、理解课文。教师采用多种方法识记生字，激发了学生的识字兴趣，培养了学生的识字能力。

# 尺有所短　寸有所长

——《小柳树和小枣树》教学设计与反思

**学习目标：**1. 认识8个生字，会写“怎、思”两个生字。2. 能正确、流利、有感情地朗读课文，用不同的语气朗读课文，体会角色的不同性格。3. 读懂课文内容，懂得“尺有所短，寸有所长”的道理，知道要多看别人的长处。

**教学重难点**：能正确、流利地朗读课文，用不同的语气表现角色不同的性格，学习有感情地朗读课文；懂得“尺有所短，寸有所长”的道理，知道要多看别人的长处。

**教学过程**：

一、图片导入，激发兴趣。

今天老师为大家带来几幅图片，请看大屏幕。（出示第一组图片）哪一棵好看？板书：“小柳树。”边板书边强调：“柳树的叶子又细又长，这笔竖撇多像柳枝啊，千万不能忘。”（出示第二组图片）哪一棵好看？板书：“小枣树。”边板书边强调：“‘枣’字是我们今天要认识的生字，同学们一边看老师写，一边书写。”提示：“枣”字的写法：“一棵小枣树，树枝伸展开，枝上长满刺。”今天我们就来学习课文《小柳树和小枣树》，齐读课题。

二、初读课文，学习生字。

1. 教师范读课文，思考：小柳树和小枣树之间发生了什么故事呢？请同学们认真听。

2. 自由朗读课文，要求：读准字音，读通句子，如果有不认识的字，可以看看小树叶的提示，或问同学、老师。检查生字词语，出示词语，指名读、开火车读。

3. 学习写“怎”“思”。仔细观察，想想写这两个字要注意什么？指导书写“怎”“思”，提醒学生注意这两个字在间架结构上都是上窄下宽，心字底左边一点不要写成撇，中间一点要写在竖中线上，右点写在卧钩外边。学生书写，教师巡视，点评修改。

三、品读课文。

1. 春天来了，小柳树和小枣树长得怎么样？请同学们朗读课文第2、3自然段，用横线画出小柳树的样子，用曲线画出小枣树的样子。你认为这是一棵怎样的小柳树？课文里是怎么描写的呢？指名同学回答。

2. 出示相关语句，自由练习读，指名学生朗读，读出小柳树的美丽、可爱。

（1）小柳树的腰细细的，树枝绿绿的，真好看。

（2）过了几天，小柳树的芽儿变成小叶子，她穿上一身浅绿色的衣服，真美！

（3）小柳树的叶子已经长得又细又长了。她在微风里得意地跳起舞来。

3. 出示句式练习说话，夸夸美丽的小柳树。

小柳树，你真______________！

4. 学习描写小枣树的句子，指导朗读：听了大家的赞美，小柳树此时的心情怎么样啊？此时的小柳树真的好漂亮啊，春天的小枣树长得怎么样呢？出示小枣树图片及小柳树对小枣树说的话。“喂，小枣树，你的树枝多难看哪！”“喂，小枣树，你怎么不长叶子啊？她在微风里得意地跳起舞来。”自己练习读，读出小柳树此时的心情。（骄傲、得意。）

四、品读感悟小枣树的品格。

1. 春天的柳树真的很美，很让人羡慕啊！但是到了秋天，小柳树和小枣树发生了什么变化呢？出示相关句段，朗读思考：看到小枣树结了这么多枣子，一家人高兴地坐在院子里围着枣子吃起来，他们会说些什么呢？如果你是这棵小枣树，听到这些话，你的心情怎么样？出示小柳树和小枣树的对话；练习分角色朗读，指名读。从小枣树的话中，你感受到这是一棵怎样的小枣树？（善良、谦虚、温和。）

2. 听了小枣树的话，小柳树有什么变化？（不好意思地笑了。）为什么不好意思地笑了？齐读最后一个自然段。

五、回顾全文，明白道理。

1. 通读全文，想一想：学完了课文《小柳树和小枣树》，你喜欢谁，为什么？

2. 小结：小枣树不因自己长得没小柳树好看而泄气，也不因自己能结又大又红的枣子而自大，而且还夸小柳树。小柳树确实长得美丽，而且能及时地认识到自己的不足，犯了错误能知错就改。

六、总结全文。

同学们，无论是小枣树、小柳树，还是其他的任何事物都有各自的优点和缺点，我们在生活中要多多发现别人的优点，改正自己的缺点，取人之长，补己之短，愿每个同学每天都能进步一点点。

**板书设计**

小柳树和小枣树

谦虚

骄傲

**教学反思：**《小柳树和小枣树》是小学语文二年级上册第四单元的一篇课文。这一单元的课文都蕴涵了深刻而丰富的生活哲理。这篇课文以小学生喜爱的童话故事形式出现，借助小柳树和小枣树生长情况的不同，赋予它们不同的性格特点，并通过它们之间的对话，生动形象地使学生懂得“要善于发现别人的长处，正视自己的不足”这一深刻的道理。这节课要抓住课文的重点和难点，紧扣低年级说理性课文的特点，以学生为本，以疑为线，以读为主，以拓展为目标，通过指导学生正确、流利、有感情地朗读课文，让学生在读中感悟，在读中理解，在理解的基础上体会文章的内涵。

课堂上，同学们沉浸在安静的氛围里，聆听《小柳树和小枣树》的故事。教师依据低年级学生以识字教学为主的特点，从学生画的两张小柳树和小枣树的图画入手，带着同学们书写课题，让学生边书写课题边用想象识字法记住“柳”字和“枣”字。认读生字以后，又教同学们书写两个上下结构、心字底的字。其中，学会书写心字底的字是本堂课的难点，教师让学生观察田字格中生字的位置、结构，重点指导心字底的书写技巧。同学们边观察边临摹，很轻松地掌握了心字底的写法。

这堂课的另外一个重点是围绕小柳树和小枣树生长特点不同、性格特点不同以及小柳树前后的表现不同进行朗读、比较、体会，从而让学生在朗读中体会小柳树因为自己长得漂亮而骄傲、得意的性格特点，同时也感受到小枣树不因为自己没有小柳树好看而泄气，也不因自己能结又大又甜的枣而自大，反而夸奖小柳树的谦虚品质。教学时，教师通过设计多种形式的朗读，让学生在琅琅的书声中益智、怡情。

1. 利用图片指导朗读。低年级学生的思维以直观形象思维为主，对抽象的文字的理解，需要以直观形象来辅助。在教学“芽儿变成了叶子”和“她穿上了一件浅绿色的衣服”时，教师出示柳树生长的图片，通过语言渲染，让学生体会到柳叶的美。在朗读时，学生把“浅绿色，真美”这几个字读得很入情，仿佛亲眼看到了柳树！可见，教师借助直观形象的插图，恰到好处地对学生进行情感朗读的指导。

2. 借助提示语，教师引读。引读是指教师利用提示语来引导学生朗读。在小学低年级运用引读，多是把一句话分成两部分，教师读前半句，学生读后半句。这种训练形式适用于指导小学低年级学生朗读。在教学“她得意地在微风里跳起舞来”这句时，教师通过创设情境指导学生朗读描写小柳树外形的三个句子，使学生对小柳树的生长过程有了更清晰的了解，从局部回到整体，使学生准确地理解柳树得意的原因。

3. 借助体态语言，以动作促朗读。对低年级学生来说，动作表演不仅可以作为有声语言的辅助手段，丰富有声语言的表现力，而且还能调动学生朗读的激情。所以在低年级的朗读训练中，教师让学生恰当地配上一些动作，能更好地帮助学生理解课文，读出感情。在朗读小柳树骄傲的语言时，学生边做动作边读，充分表现出小柳树的骄傲。

在朗读指导中，教师充分地让学生动眼、动口、动手、动脑，并在“动中学”“学中动”的过程中感受情感、体验情感。在生动、形象、轻松、愉快的朗读气氛中，学生学习语文的兴趣会更浓，激情会更高，效果也会更好。

## 小寓言　大道理

### ——《坐井观天》教学设计与反思

**学习目标：** 1. 认识“沿、际、信”3个生字，会写“信、沿、抬、际、蛙、错、答、还”8个生字，重点指导书写“沿、答”两个生字；正确读写要求学会的词语。2. 能够正确、流利、有感情地朗读课文，练习分角色朗读课文。3. 通过学习课文，了解故事内容并从中受到启发。

**教学重难点：** 能够正确读写要求学会的词语；能够正确、流利、有感情地朗读课文，练习分角色朗读课文；通过学习课文，了解故事内容并从中受到启发。

**教学过程：**

一、情境导入，揭示课题。

学生欣赏动画故事《坐井观天》，交流感受。引导学生初步感知人物形象，了解故事内容。板书课题，读题，说说“坐井观天”的含义。

二、初读课文，自学生字词。

1. 学生自由读课文，画出生字词，试着提出自己的问题。

2. 分小组或同桌之间，开展学习竞赛，采取轮读、领读等多种形式学习生字、词语和句子。检查自读效果。指名读生字和词语，引导学生联系课文和生活理解词语含义。指名读课文，教师注意正音和范读，指导学生把文章读通顺。

3. 交流初读感受。读完课文后，你知道了什么？通读归纳、整理，形成如下认识：弄清故事的人物——青蛙和小鸟；知道青蛙和小鸟的位置；明确青蛙和小鸟争论的原因及主题。学生在谈到青蛙和小鸟的位置关系时，教师顺势切入，学习文章第一自然段内容。

（1）教师简笔画水井的形状。

（2）学生在水井上贴出青蛙和小鸟图片的位置，并口述贴图的理由：我从文章的插图中知道应该这样贴；我从文章第一自然段中读出来的。

（3）学生自读文章第一自然段。

（4）指导朗读。

三、熟读精思，领悟旨趣。

（一）学习青蛙和小鸟的第一次对话。

1. 学生采取自己喜欢的方式读青蛙和小鸟的第一次对话。指名读，师生评读，体会青蛙打招呼的文明礼貌行为和小鸟飞了一百多里口渴的情形。分角色练习朗读，再现对话情形。

2. 教师引读，男女生分组加上动作表演读。教师：一只小鸟飞呀飞……飞过山川，飞过河流，飞过田野。它口渴了，落在井沿上，井底的青蛙看见了问：__________？男生：“朋友，你从哪儿来呀？”女生：“我从天上来，飞了一百多里，口渴了，下来找水喝。”

（二）尝试朗读第二次对话。

1. 学生分角色练习朗读第二次对话，理解“大话”的具体含义。思考探究：青蛙为什么认为天空只有井口那么大？引导学生联系生活经验或做实验了解青蛙认为天空只有井口那么大的原因。理解“无边无际”的含义，联系生活实际引导学生练习说话（无边无际的大海、沙漠、田野等）。

2. 学生练读对话，想象它们争论的情形，体会语气，要求读出自己的感受。指导朗读。

（三）学习青蛙、小鸟的第三次对话。

1. 教师引读，小鸟说天空无边无际，青蛙却认为天空只有井口那么大，青蛙相信了吗？青蛙笑了，说：“__________。”小鸟也笑了，说：“__________________。”小组探究：青蛙为什么笑了？小鸟为什么也笑了？引导学生理解故事的寓意。指导朗读。

2. 创造想象，读编第四次对话。青蛙听了小鸟的话，真的跳出了井口，它一下子惊呆了，看见了____________，于是对小鸟说：“______________。”小鸟说：“________________。”

四、总结全文，感悟寓意。

学习了故事之后，你明白了什么？分角色练习表演读故事。

五、指导书写生字，完成生字袋的制作。生字教学是低年级教学的重点，利用生字袋，让学生在多次复现和运用中达到巩固识字的目的。

六、课外扩展。

1. 课外收集阅读寓言故事，开展讲故事竞赛活动。

2. 演一演“坐井观天”这个故事。

**板书设计**

坐井观天

青蛙　小鸟

自以为是　见多识广

站得高，看得远

**教学反思：**《坐井观天》是一则寓言故事，课文通过青蛙与小鸟之间生动有趣的对话，给孩子们讲述了一个寓意深刻的故事。文章通过青蛙和小鸟对天的大小的争论，阐明了一个深刻的道理：看问题，认识事物，站得要高，看得要全面，不能像青蛙那样犯了错误还自以为是。教师通过将抽象的文字形象化，让学生在轻松愉悦的氛围中进行语言文字的训练，提高低年级学生的学习能力。

一、做一做——动手实验解难释疑。课文中青蛙说：“天不过井口那么大，还用飞那么远吗？”青蛙为什么说天不过井口那么大呢？为了弄清这个问题，教师可以让学生做个实验：拿出纸卷成圆筒状，然后通过圆孔看天花板或者四周，说说与平日看到的有什么不同。学生动手实验，弄清了为什么青蛙说“天不过井口那么大”这一疑难问题。学生在实验中动手、动脑，既培养了实际的操作能力，也培养了观察和思维能力。

二、看一看——利用图画明白寓意。课文中小鸟说：“天无边无际，大得很呢。”小鸟为什么说天无边无际大得很呢？教师出示课件，让学生看一组画，自己根据画面进行解说。这样，学生终于明白了：小鸟见识广，青蛙所见有限，目光狭小。我们要做一个见多识广的人，不做井底之蛙。学生很自然地悟出寓意，在“润物细无声中”得到启示，受到教育。语文教学不仅仅是传授知识、培养能力的过程，更是情感人格的熏陶过程。学习寓言故事，就是要学生通过一个简短的故事明白一个深刻的道理。

三、说一说——拓展延伸培养想象。课文中青蛙认为天只有井口那么大，自己不会弄错。它错了没有？我们怎样才能让青蛙认识到自己的错误？教师让学生动脑想办法，同时出示课件：“青蛙跳出井口，站在井沿东瞧瞧，西望望。”它会怎么想、怎么说呢？学生讨论，各抒己见，既加深了对课文寓意的理解、领悟，又训练了自己的语言表达能力，培养了语感，发展了思维。

四、演一演——扮演角色再现情景。课文结束后，让学生把学过的故事表演出来，特别是将青蛙跳出井口以后的表现演出来。学生通过表演把从课文语言文字中获得、建立的表象进行再现，做到入情入境。这样，由文字到形象，又由形象到文字，形成逆向思维，不仅对学生进行了双向思维的训练，同时也锻炼了学生的语言表达能力和创造能力，培养了学生的语文素养。总之，在《坐井观天》一文的教学中，通过“做一做、看一看、说一说、演一演”等多种形式，让学生在轻松愉悦的氛围中获取了知识，培养了能力，提高了素养。

# 关爱动物　珍爱生命

## ——《浅水洼里的小鱼》教学设计与反思

**学习目标：** 1. 认识 7 个生字，会写 8 个字。2. 正确、流利、有感情地朗读课文。3. 体会小鱼对自己生命的“在乎”及小男孩对小鱼生命的“在乎”。4. 进一步树立保护小动物、珍惜生命的意识。

**教学重难点：**认识7个生字，会写8个生字；正确、流利、有感情地朗读课文，在品词析句中体会小鱼“在乎”自己的生命以及小男孩对小鱼生命的“在乎”，从而树立保护小动物、珍惜生命的意识。

**教学过程：**

一、导入课题。

今天这节课，咱们共同学习第28课《浅水洼里的小鱼》，小手举起来，跟老师一起写课题。板书课题，齐读课题，学生质疑。

二、初读体会，随文识字。

快速打开课本，自己读一读这篇课文，注意：生字读正确，句子读通顺。学生自由读课文，注意认读生字。

三、深入研读。

（一）学习第一自然段。

1. 甚至：指导学生读词语“甚至”。出示句子，比较体会甚至的用法：被困的小鱼，也许有几百条，有几千条；被困的小鱼，也许有几百条，甚至有几千条。感受“甚至”在句子中的意思，体会被困的小鱼数量有很多。

2. 成百上千：课文中还有一个词语，也能表示被困小鱼数量很多。出示句子：水洼里有成百上千条小鱼，你是捡不完的。

3. 蒸干、干死：体会“蒸”的四点底的意思。引导学生举例子，比如：煮、熟……四点底是由火变成的。引导学生用“蒸”字组词语。

4. 自由大声朗读第一自然段，体会被困在浅水洼里的小鱼的难受、无助。配乐朗读。

（二）学习第二自然段，理解句子。

1. 出示句子：我继续朝前走着，忽然看见前面有一个男孩。自由读，指名读，学习识记区分生字“继”“断”，结合字理识记。观察文中的图片，看看小男孩，他在干什么？用原文中的话回答。

2. 出示句子：他走得很慢，不停地在每一个水洼前弯下腰去……指导学生读文中的句子，并说一说自己的感受。从这个小男孩的一连串动作描写中，你读懂了什么？体会小男孩的着急，对小鱼的在乎，对生命的关爱，读出自己的体会。

（三）学习第三至六自然段，拓展想象。

1. 出示两个带问号的句子：“那你为什么还在捡？谁在乎呢？”理解“在乎”“叨念”。

2. 拓展想象说话：省略号省略了什么？说一说，带着体会读出来。

四、感情朗读，体会爱。

边读边体会小男孩对小鱼的在乎，感受他对小动物的爱心。

**板书设计**

浅水洼里的小鱼

关爱动物

珍爱生命

**教学反思：**《浅水洼里的小鱼》是二年级上册第七单元的第三篇课文。本单元以“人类与动物的和谐相处，珍爱生命”为主题。文章主要描写了一个小男孩将冲上海滩滞留在浅水洼里的小鱼一条一条不断扔回大海的故事，小男孩的举动令人动容，教育学生保护动物、珍爱生命。

在教学过程中，教师首先从课题入手，让学生读课题、质疑，学生提出了三个问题：什么是浅水洼？小鱼是怎么跑到浅水洼里的？浅水洼里的小鱼怎么了？随后教师带领学生看图了解浅水洼，学习课文第一自然段。第一自然段虽不是文章的重点，但充分调动了学生的情感，为下文的学习做了很好的铺垫。通过出示小鱼被困的句子，让学生对浅水洼里的小鱼产生怜惜之情。

“它们被困在水洼里，回不了大海。被困的小鱼也许有几百条、甚至几千条。用不了多久，浅水洼里的水就会被沙粒吸干、被太阳蒸干。这些小鱼都会干死的。”文中的“蒸干、干死”，把小鱼难受、饱受煎熬的情景刻画了出来。小鱼被困在水洼里会怎样？学生会不由自主地想到：“小鱼缺少水分，它离不开水。”“它动弹不得，失去了自由。”“它的生命奄奄一息，随时都会死去。”结合“蒸”的字形再次引导学生感悟语言、体验情感。蒸的感觉怎么样？“蒸”下面的四点表示什么？你想到了什么？学生说：“四点像火苗在燃烧。”“那四团火多大呀！小鱼快蒸干了，它呼吸困难了，它实在受不了了。多可怜的小鱼呀！”看到学生那痛苦、心疼的样子，教师顺势让他们再次朗读出示的句子。学生对小鱼的怜惜之情表现得淋漓尽致，他们的情感已投射在作者描写的对象上，那些可怜的小鱼已激起他们深深的同情。

学生有了对被困小鱼的怜惜之情，在学习小男孩救小鱼的自然段时自然水到渠成。学生被小男孩救小鱼的执着深深感动了，他们和男孩一样叨念着“这条在乎，这条也在乎！还有这一条、这一条、这一条……”学生已经进入情境之中，仿佛自己也在海边捡着小鱼扔向大海，不停地叨念着“这一条在乎，这一条在乎，这一条在乎……”教学中，教师重视情境的创设，营造品味语言文字的氛围，以读代说，以读促理解，让学生读得有声有色、有滋有味。

# 拨开迷雾见晴天

## ——《雾在哪里》教学设计与反思

**学习目标：**1. 认识“雾、淘”等12个生字，学写生字“岸”。2. 读好雾说话时的语气，体会雾的淘气。3. 学习课文第1～6自然段，仿照课文用“无论……还是……都……”进行说话练习。

**教学重难点：**识字写字，读好雾说话时的语气，体会雾的淘气；学习课文第1～6自然段，仿照课文用“无论……还是……都……”说话练习。

**教学过程：**

一、导入新课。

1. 今天我们要学习一个童话故事，主人公的名字只有一个字，叫作雾。我们一起来把它的名字写一写，先写雨字头，然后再写“务”。教师板书雾。写好了，我们来读一读它的名字吧！看看这个字的字形，你们猜一猜，雾可能和什么有关呢？雾就是飘浮在空气中的小水点（雪、雾、霾、雷、霜、霞）。

2. 教师小结：雨字头的字一般和水或者天气有关。那你在什么地方见到过雾呢？

二、板书课题。

说得多好呀！你看这个雾呀，一会儿跑到这儿，一会儿跑到那儿，这雾它到底在哪里呢？指名学生读课题，指导读出疑问语气，齐读。

三、检查预习，理解生词。

请自由大声读课文，要求读准字音，读通句子，遇到难读的地方停下来多读几遍。故事里面有好多生字呢，你们认不认识？先同桌合作读一读。读词语，依次出示街道、桥梁、海岸的图片，指名学生说一说。

1. 指名读词语卡“街道”。同学们在生活中看到过哪些街道的名字？每条街的街口都有这样的牌子，生活中到处是知识，只要你们仔细观察，还能认识更多的生字宝宝。

2. 指名读“桥梁”的“梁”。（借助字源学习）梁，原指用木头在水上造桥，所以有木也有三点水。

3. 学写生字“岸”，出示海岸。哪里是海岸？引导学生在图中找到海岸的位置。海边可以叫海岸，河边可以叫河岸。我们要学习写“岸”，看图片，仔细观察，它是由几部分组成的？大家伸出食指，跟老师一起写，在课本上先描红一个再写两个。大家一起读词语“海岸”，发现了什么？（出示：暗、变暗）日字旁跟太阳有关，没有太阳光线不强，读暗。有了光呢？读作明。（暗——明）

4. 词语宝宝跑到长句子中了，谁来读？“房屋、街道、树木、桥梁，甚至行人和小黑猫，雾把一切都藏了起来，什么都看不见了。”

5.“躲藏”“消失”：读准音（指名读、全班读）。我们仔细观察这两个词语，每个词语中都藏着一个小秘密哦，看哪个聪明的小朋友能发现。（都是由意思相近的字组成的词语。）老师请几组同学来到讲台前，一起来读一读。重点讲解“甚至”，指名学生读，教师范读“甚至”。我们一起来读一读吧。记住了生字词语，相信我们能把这个故事读得更好了。现在请你们再次端起书本，请同学分自然段接读课文，坐着的同学仔细听。

四、读出雾淘气的语气。

1. 你读了这个故事，想说点什么呢？你瞧瞧这雾，一会儿跑到这儿，一会儿跑到那儿。还不知道他消失到哪里去了？所以呀，故事的作者在一开头，就用了这样一句话来形容他，谁来读一读这句话？一起来读一读吧！从前有一片雾，他是个（淘气的）孩子。

2. 找出雾说的话。这个雾孩子呀，有点淘气。文中哪些句子让你感受到它的淘气了呢？这个雾宝宝说话淘气。那淘气的雾宝宝，是怎么说话的呢？自己读读试试。出示："我要把大海藏起来。""现在我要把天空连同太阳一起藏起来。""现在我要把海岸藏起来。"重点指导："我要把自己藏起来。"读到这里，请同学们看看前面三句，再看看后面两句，这些句子有什么不一样呢？提醒学生关注句子的标点符号——句号。

3. 仿说句子，想想淘气的雾还会把什么给藏起来呢？

训练：淘气的雾说：我要把__________藏起来。

五、学习文段中的特殊句型，进行仿写。

1. 我们把雾宝宝的话放进自然段里，你能不能把整个自然段都读通顺？出示第3自然段："'我要把大海藏起来。'于是，他把大海藏了起来。无论是海水、船只，还是蓝色的远方，都看不见了。"在我们的故事里，还有两个自然段，和这一段长得很像，请你们四人小组一起合作找一找，比比哪个小组最先找到。出示第3、4、6自然段，指名学生读。

2. 对比第3、第4段相似之处。出示句子，小组讨论：在这两个句子里面，有什么相同之处？都使用了关联词语：无论……还是……都……。

3. 用"无论……还是……都……"练习说话。

六、学习雾散了。

1. 原来我们发现雾宝宝最喜欢玩的游戏是——藏起来。他先把——别人藏起来，结果就——看不见了。后来呢？他把——自己藏了起来，结果别人都——露出来了。云开雾散，一切都清晰起来。

2. 指名学生接着来读："不久，大海连同船只和远方，天空连同太阳，海岸连同城市，街道连同房屋和桥梁，都露出来了。路上走着行人，小黑猫也出现了，它摇着黑尾巴，悠闲地散步。"

3. 雾到底怎么回事？谁来说一说？对呀，随着温度的增高，雾里面的水汽就慢慢地蒸发了，于是雾也就散了。

**板书设计**

雾在哪里 {顽皮 / 淘气 / 可爱}

**教学反思：**《雾在哪里》这篇课文是一则有趣的科普童话故事，它把雾比作一个淘气的孩子在捉迷藏，雾把大海、天空连同太阳、海岸和城市、自己都藏了起来。本文让学生通过一个有趣的故事，感受雾的聚散变化的特点，符合低年段学生的认知特征。依据低年段学生的年龄特点与认知水平，教师结合低年段教学重视识字朗读的特点，把教学重点放在理解字词和梳理课文大意上，在理解了课文基本内容的基础上，对学生进行基本的言语训练。

在生字教学中，教师采用随文识字的方法，让学生联系上下文理解字词，做到字不离词、词不离句、句不离文，在语境中帮助学生积累。在教学"雾"这个字时，教师先带着学生通过猜谜语、欣赏图片的方式引出"雾"，接着让学生说说怎么记住这个二类字。因为有之前形声字学习的基础，所以学生都能够说出“雾”是一个形声字，上面是一个雨字头，下面是一个“服务”的“务”。教师对雨字头的字做了一个拓展，让学生说说雨字头的字还有哪些，从而总结出雨字头的字一般和水或者天气有关的特点。通过一个字拓展到一类字，前后关联，融会贯通，学生初步掌握汉字构字的规律，为培养识字能力奠定基础。

在课文朗读中，教师要充分注重范读和引读的作用。对于低年段学生来说，“读”在理解语言和体会文章情感方面具有重要的作用。所以在课堂教学中，教师采用范读、指生读、师生合作配乐朗读等多种形式，让学生在读中体会雾的淘气，在读中认识生字、理解课文，培养学生阅读的兴趣和习惯。

## 经历风雨　方见彩虹

### ——《雷雨》教学设计与反思

**学习目标：** 1. 会认“压、乱、垂、虹”4个生字；学写“垂”字，并练习用其说话。2. 学习正确、流利、有感情地朗读课文，通过声音表现雷雨前后的不同景象；初步学习默读课文，能边读边想象雷雨前、雷雨中和雷雨后的景象。3. 积累运用带有“越……越……”的句式，体会“垂”和“坐”用得好在哪里。4. 激发学生留心观察大自然和写观察日记的兴趣。

**教学重难点：** 1. 会认4个生字，学写“垂”字，体会“垂、坐”用得好在哪里。2. 学习有感情地朗读课文，通过声音表现雷雨前后的不同景象。3. 积累运用带有“越……越……”的句式；学习默读，能边读边想象画面。

**教学过程：**

一、导入。

1. 直接导入，板书课题，齐读。

2. 你知道哪些描写雨的词语？

二、初读课文，识字、写字。

1. 自由朗读课文，遇到不认识的字圈出来，自己想办法读正确；遇到读不通的句子停下来多读几遍，读流利后再往下读。

2. 检查自学情况。

出示文中的词语或短语，认读：黑沉沉地压下来、吹得树枝乱摆、清新的空气、迎面扑来、垂下来、一阵大风、一只蜘蛛、一条彩虹、越来越亮、越来越响、越下越大。

出示生字“压”“乱”“垂”“虹”，认读并交流识记方法。

3. 出示“虹”字演变图片，字理识记生字“虹”。

4. 学习“垂”字。“垂”在文中是这样用的，出示句子，指名读。你还能用“垂”组个词或说句话吗？学习书写“垂”，提醒学生注意“垂”的笔顺，观察交流怎样才能写好这个字。看老师念着口诀写一遍：短撇来带头，一横短又平，一竖在中间，二横最长在中线，两竖短短左右站，三横长，四横短。学生自己书写，同桌互相纠正，展示讲评。

三、细读课文，读中感悟。

1. 试着默读课文，边读边想象课文中每句话描写的景象，看看你头脑中呈现出怎样的画面。

2. 交流：你仿佛看到了怎样的画面？（教师随机板书：雨前、雨中、雨后。小结：作者就是按照这样的顺序来观察描写雷雨的。）

3. 学习第1、2、3自然段（雨前）。

（1）指名读第1～3自然段，其他同学边听边思考：下雨之前，天气是怎样变化的？交流，教师随机指导有感情朗读相关句子。

（2）体会“垂”字用得好在哪里。

老师把这只蜘蛛请到教室里来了，看我来演一演它是怎样“垂下来”逃走的？（演示：掉下来、爬下来，并出示句子对比理解“垂”字用得好在哪里。）出示图片，播放打雷音频，指导朗读“闪电越来越亮，雷声越来越响”。（重读“越”）积累运用：（　　）越（　　）越（　　）。小结，完成练习：下雨前，天气是怎样变化的呢？

雷雨前，

乌云越（　　）越（　　），

空气越（　　）越（　　），

风越（　　）越（　　），

闪电越（　　）越（　　），

雷声越（　　）越（　　）。

4. 学习第4、5、6自然段（雨中）。

（1）出示图片，播放打雷下雨的音效，指导朗读“哗，哗，哗，雨下起来了”。（读出雨下得大、下得急。）

（2）师生合作读第5、6自然段。（随机点拨，声音越来越小，语速越来越慢。）

（3）小结：第4～6自然段描写了雨中的景象，请你再连起来读一读。

5. 学习第7、8自然段（雨后）。

（1）出示课文插图2，交流：你看到了什么？有什么感觉？带着你的感觉读一读第7、8自然段描写雨后景象变化的句子。

（2）感受“坐”好在哪里。（点拨：小蜘蛛，刚才下雷雨前，你不是跑了吗？现在心情怎么样？这不是“趴”着吗？作者为什么用“坐”？）

四、总结延伸。

1. 朗读全文，用你的声音来表现雷雨前后的不同景象。

2. 留心观察大自然中有趣的自然现象的变化，把它写进日记里。

**板书设计**

雷雨

雷雨前：乌云满天

雷雨中：电闪雷鸣

雷雨后：美丽彩虹

**教学反思：**《雷雨》一课用精炼的文字，为我们描绘了雷雨前、雷雨中、雷雨后的自然景象。炎炎夏日，电闪雷鸣，声声蛙鸣，美丽彩虹……这就是夏天雷雨前、中、后的情景。雷雨对于学生来说并不陌生，他们都有着一定的生活体验。在本课的教学中，教师采用看图与读文相结合的方法，激发学生的想象，引导学生感受雷雨的特点。

图文结合，朗读感悟。用形象的图画帮助学生理解课文是低年级学生学习的重要工具。如，学生不容易理解课文第1自然段“黑沉沉”这个词，教师要让学生通过看图，知道雷雨前的云很黑、很厚，所以看起来“黑沉沉”的。在指导朗读时，教师抓住重点词句指导学生朗读，感悟雷雨前、雷雨中景物的变化。如，读“满天的乌云，黑沉沉地压下来。树上的叶子一动也不动，知了一声也不叫”这几句话时，引导学生抓住几个自然景物的特点：“乌云——黑沉沉”“树叶——一动也不动”“知了——一声也不叫”来理解朗读，并结合情境画面领悟雷雨前景物的特点。再如，读“闪电越来越亮，雷声越来越响”这句话时，抓住“越来越亮”“越来越响”，结合课件，体会闪电一次比一次亮、雷声一次比一次大、刺耳，并联系生活实例，尝试用“越来______越______”说句子。

注重积累，加强运用。这篇文章在词句运用方面非常准确、传神，值得细细体会。学生初步感知课文内容后，抓住重点词句，品词析句。在引导学生理解“蜘蛛从网上垂下来，逃走了”这个句子时，“垂”比较抽象，难以理解，教师用多媒体制作蜘蛛垂下来的动作变化画面，将抽象变为直观，学生通过观察，很快就能回答：“‘垂’是说蜘蛛顺着一根蛛丝从网上下来。”又如在学习“闪电越来越亮，雷声越来越响”一句时，抓住“越……越……”进行训练，以“我会说”的形式填空训练：（　）越来越亮；（　）越来越响；乌云（　　）；风（　　）；（　）越（　）越（　）。在这个环节中，学生理解了词语的意思，积累了语言。

# 多种方法指导学生识字

## ——《大象的耳朵》教学设计与反思

**学习目标：**1. 借助文本，通过随文、插图、表演等多种方式自主识记“耷、咦”等7个生字，通过迁移运用读准多音字“似”和“扇”；正确、规范地书写左上包围的“扇”字。2. 联系上下文体会情感，借助疑问词、语气词和问号读好问句；借助大象的话，说说大象的想法是怎么改变的。3. 结合生活实际，理解“人家是人家，我是我”的意思。

**教学重难点：**学习生字新词，正确书写生字“扇”；读好文中的问句；结合生活实际理解“人家是人家，我是我”的意思。

**教学过程：**

一、谈话导入，揭示课题。

1. 同学们，你们从这幅图中看到了什么？最显眼的是小动物的哪个部位？谁的耳朵最显眼？今天，我们学习的故事就是《大象的耳朵》。

2. 板书课题，齐读课题。

二、初读课文，学习生字。

（一）提出朗读要求，初读课文。

请同学们大声朗读课文，把字音读准确，把句子读通顺，遇到困难自己想办法解决，读完后用端正坐姿告诉老师。

（二）集中认读部分字词。

1. 认识“耷”和“竖”。读了这个故事，谁能说一说，大象的耳朵和其他小动物的耳朵有什么不同吗？板书耷拉和竖着。

（1）“耷”这个字特别有意思，一看就能认识，为什么？（大耳朵耷。）还可以说耷拉着什么？这就是耷拉，齐读“耷拉”。

（2）认读“竖着”，组词识记，出示词语卡片认读。

2. 认识多音字“似”。

（1）出示大象图片和第一自然段：大象有一对大耳朵，像扇子似的，耷拉着。（指名读）出示词语卡：似的。

（2）似，只有在“似的”里面读shì，其余都读sì，你能用似（sì）来组个词吗？出示词语卡片认读：相似、似乎。

（3）仿照第一自然段，练习用“似的”说话。

3. 认识多音字“扇”。

（1）出示句子：

大象有一对大耳朵，像扇子似的，耷拉着。

有虫子来的话，大象只要把他的大耳朵一扇，就能把他们赶跑。

提示：有一个字在这两个句子中读音不同，你们知道是哪个字吗？

（2）联系生活识记“扇”，在语境中读准“扇”。

4. 教写“扇”。

（1）学生观察“扇”字的结构及其在田字格中的重点笔画。

（2）范写：点画起笔竖中线，户字头扁扁撇舒展，羽字胖胖露半边。

（3）练写：强调执笔和坐姿，边巡视边指导书写时的重点，并奖励做得好的学生，展示评价。

三、品读课文，随文识字，并读好文中问句。

1. 默读课文，用“～～～”画出小兔、小羊说的话，用“____”画出大象说的话。

2. 指名读大象的话：出示句子。

> 大象说：“我生来就是这样啊。”
>
> 大象也不安起来，他自言自语地说：“他们都这么说，是不是我的耳朵真的有毛病啦？我得让我的耳朵竖起来。”
>
> 大象说：“我还是让耳朵耷拉着吧。人家是人家，我是我。”

（1）从大象的话中，我们发现大象的想法在发生着变化。大象的耳朵开始是什么样的？后来变成什么样了？最后又变成什么样了？

（2）大象为什么会发生改变呢？我们先来看看小动物们是怎么说的。

3. 出示小兔子和小羊说的话，指导读好问句。

小兔子说：“咦，大象啊，你的耳朵怎么耷拉下来了？”

小羊也说："大象啊，你的耳朵怎么是耷拉着的呢？"

指名学生读小兔子的话，你为什么这样说大象的耳朵呀？引导学生读好问句。先扶后放，练习小鹿、小马和小老鼠都是怎么说大象的耳朵的。分角色朗读，读好对话。

4. 利用表格，深入体会大象想法的变化。

默读第9～13自然段，看着表格，同位合作说一说，大象的想法怎么又变了？为什么会有这样的变化？出示表格，小组合作学习。

5. 师生合作读，交流变化。

于是，大象这样说："我还是让耳朵耷拉着吧。人家是人家，我是我。"

6. 小朋友们，在生活中，你对自己肯定也有不满意的地方，学习了这篇文章，你的想法有什么改变？我们要勇敢地说（引读）："人家是人家，我是我。"我们要坚定地说——我们要自信地说——让我们一起骄傲地说——

四、出示儿歌，巩固识字。

咦，扇子似的耳朵耷拉着，
人家的耳朵都竖着。
用竹竿把耳朵撑起来，
虫子跳舞吵得痛又烦，
还是让耳朵耷拉着。
人家是人家，我是我。

**板书设计**

19.大象的耳朵

人家

耷拉 ⇄ 竖着

自己

**教学反思：** 本篇课文是一个童话故事，故事内容生动有趣，富有哲理，对学生有启示作用。教师在备课时，要站在教师和学生的角度，分别对文本进行深入的解读。在了解编者意图、了解学情的情况下，以学定教，设定学习目标，提高学生语文素养。

低年级的教学重点是识字、写字和朗读。在备课时，教师主要思考“教什么”“怎么教”“遇到困难怎么教”这几个问题，继而从学生的角度去思考：学生如果遇到问题和困难，可能是什么原因造成的？识字方面，主要利用随文识字、语境识字、字理识字和集中识字相结合的方式，让学生进行学习和巩固；写字教学方面，指导学生写好左上包围的“扇”字，归类左上包围生字的写字规律，为自主书写此类生字打下基础；朗读方面，结合本课课后题，边读边感悟人物心理，总结读好问句的方法，利用范读、练读、分角色读等方法，练习把问句读好，把对话读好，以读促教，梳理文章脉络，画出大象的话，说说大象的想法是怎么改变的。最后，真正理解“大象想法的变化”后，再结合生活实际，理解“人家是人家，我是我”。

最后一个课后题“人家是人家，我是我”，题目难度较大，学生理解困难。在教学中抓住“生来”“人家”“我”来提问，学生会更容易理解。如：“同学们，在生活中，你肯定也遇到过这样的事情，有过像大象一样的烦恼。有的同学皮肤黑，羡慕人家皮肤白；有的眼睛小，羡慕人家眼睛大……有些东西，我们生来就是这样，是无法改变的。通过学习这篇文章，你的想法发生了什么变化呢？”把这个问题落脚到“我”，结合生来的“缺陷”，结合生活实际，学生就能自然地说出“人家是人家，我是我”的含义。

在教学中，教师要深入研读教材，理解编者意图，了解学情，真正做到以学生为本，以读促教，以学定教，尊重学生的主体地位，把时间还给学生，让学习真正发生。

# 阅读教学

叶圣陶先生早在20世纪60年代就明确指出：课文只是例子。因此，教师在教学中不仅要引导学生明白文章的表达方法，还要引导学生学习把文章写具体的描写方法，将这些描写方法迁移运用到课文学习中，经过反复多次的实践，让学生真正学会学习。

学习课文表达方法的目的不是理解，而是运用。理解是运用的前提和基础，但是能理解不等同于会运用。有效的语文课不在于教师对语文表达方法分析是否到位，而在于学生通过这篇课文的学习是否学会了某种表达方法。

课堂上，教师不是一厢情愿地关注自己教了什么，而是关注学生事实上学到了什么，有没有学会。教师教了不等于学生学会了，特别要关注中等以下的学生是否学会。从追求教过到追求学会。

语文是一门学习语言文字运用的实践性课程，实践性是语文课程的一大特点，不能把小学语文课上成语文知识课。因此，语文课应提倡在实践的基础上对学生进行方法指导，让学生在语文实践中运用方法不断提高语文能力。

# 读中悟写法　写中学表达

## ——《赵州桥》教学设计与反思

**学习目标：** 1. 会认“县、拱、济、匠”等11个生字，会读“赵县、石拱桥、安济桥、石匠、设计、横跨、智慧”等词语，会写“赵”，能够正确区分多音字“爪”，联系上下文理解“创举”。2. 能够正确、流利、有感情地朗读课文，体会赵州桥的雄伟、美观。3. 学习课文是怎样围绕着“这座桥不但坚固，而且美观”这句话把赵州桥的“美观”写清楚的，并学习如何围绕中心句把一段话写具体。4. 学习做小导游，试着用上“世界闻名”“雄伟”“创举”“美观”这些词语，向游客介绍赵州桥。

**教学重难点：** 1. 能够正确、流利、有感情地朗读课文，体会赵州桥的雄伟、美观。2. 学习课文是怎样围绕着“这座桥不但坚固，而且美观”这句话把赵州桥的“美观”写清楚的，并学习如何围绕中心句把一段话写具体。

**教学过程：**

一、谈话导入。

同学们，你们知道我们国家有哪些宝贵的历史文化遗产吗？今天我们走进我国的又一历史文化遗产——赵州桥，去感受一下古代劳动人民的智慧和才干。

二、板书课题，学写生字“赵”，齐读课题。

三、初读。

1. 自由朗读课文，要求：读准字音，读通句子，遇到生字词或难读的长句子多读几遍。

2. 检查生字词，分辨学习多音字“爪”。

四、精读。

1. 学习第一自然段。自由朗读课文，思考：大家从文中了解到了哪些信息？学生交流，教师板书，再引导学生连起来说。

2. 默读第二自然段，思考：赵州桥在设计上有什么特点？教师板书：雄伟、坚固。

3. 出示句子：“这种设计，在建桥史上是一个创举，既减轻了流水对桥身的冲击力，使桥不容易被大水冲毁，又减轻了桥身的重量，节省了石料。”自由读，思考：什么是创举？为什么说赵州桥的设计是建桥史上的一个创举？

4. 补充资料，理解“坚固”。

5. 默读课文第五自然段，画出最能概括这句话意思的一句话，找出这句话的关键词“美观”，体会这句话的作用。作者是如何写出赵州桥的美观的？引导学生体会雕刻的不同姿态的龙的美，借助图片感受美，指导朗读。再读课文，出示填空练习，体会表达的特点，文章用“有的……有的……还有的……”这样的句式描写了桥的美观。齐读课文，边读边想象，再次体会赵州桥的美观。

6. 拓展小练笔：围绕中心句用上“有的……有的……还有的……”这样的句式把一段话写清楚。

7. 齐读最后一个自然段，再次感受古代劳动人民的智慧和才干。

五、拓展说话练习。

假如你是导游，试着用上下面的词语，向游客介绍赵州桥。小组讨论交流练习，再指名说。世界闻名、雄伟、创举、美观。

**板书设计**

赵州桥

坚固 } 创举
美观

**教后反思：**《赵州桥》是三年级语文下册第三单元的一篇说明文，向我们介绍了赵州桥的雄伟、坚固和美观。课文语言准确、简练，又不乏生动。短短的几百字，不但写明了赵州桥的位置、设计者、建造年代，更重要的是，把赵州桥的外形特点清楚地展现在人们眼前；讲出了这样设计的好处：减轻冲击力，节省石料，并对其设计的美观加以描绘，使人们仿佛身临其境，感受古代劳动人民的智慧和才干。

“赵州桥不但坚固，而且美观。”这是一个过渡句，又是这一段的中心句。课文表现赵州桥的美观，刻画得十分细腻，描述栏板上雕刻的图案，生动活泼。采用抓住重点词的方法，让学生默读课文，边读边思考，抓住三种龙的独特之处。学生通过“相互缠绕，回首遥望，双龙戏珠”这些重点词语想象它们的样貌、动作，感受龙的形态，体会雕刻的图案是那么栩栩如生、活灵活现、多姿多彩，从而理解“所有的龙似乎都在游动，真像活了一样”。引导学生想象图案的精美是本文的难点，在教学中，教师引导学生默读课文，想象栏板上精美的图案，让学生将想象的内容用语言描述出来，并出示图片帮助学生再现画面，读出体会。在学生感受到赵州桥的美观的同时，指导学生借助特殊句式学习围绕中心句写具体的表达方法，拓展练笔，学以致用。

# 学习运用修改符号

## ——《那片绿绿的爬山虎》教学设计与反思

**学习目标：** 1. 能正确认读“推荐、删掉、规范、燥热、融洽、黄昏、客厅、曲线、春风拂面、映入眼帘”等词语，理解“春风拂面、映入眼帘、曲”等词语的意思。2. 能正确、流利、有感情地朗读课文。3. 初步把握文章的主要内容，理解“我虽然未见叶老先生的面，却从他的批改中感受到他的认真、平和以及温暖，如春风拂面”这个含义深刻的句子，体会叶老的人品。4. 认识两个修改符号，并能运用这两个修改符号修改习作中有明显错误的语句。

**教学重难点：** 把握文章的主要内容，运用学过的修改符号修改习作中有明显错误的语句；理解“我虽然未见叶老先生的面，却从他的批改中感受到他的认真、平和以及温暖，如春风拂面”这个含义深刻的句子。

**教学过程：**

一、揭示课题，复习导入。

我们曾经学过一篇与爬山虎有关的文章《爬山虎的脚》，这篇文章的作者是叶圣陶。你对叶圣陶有哪些了解？学生交流，课件出示叶圣陶的工作简历。今天我们要学习的这篇课文也写到了爬山虎，大家伸出手来，跟老师一起写课题。指导写好“绿”“虎”这两个字。

二、检查预习。

1. 出示词语：客厅、黄昏、燥热、融洽、删掉、规范、春风拂面、映入眼帘。学生自由读、指名认读。

2. 出示带有“映入眼帘”的句子：“翻到我的那篇作文，我一下子愣住了：映入眼帘的是红色的修改符号和改动后增添的小字，密密麻麻，几页纸上到处是红色的圈、钩或直线、曲线。”指导学生朗读，并借助词典注释理解区分“曲”的读音。

三、初读课文，理清课文结构。

默读课文，思考：课文写了叶圣陶先生和“我”之间的哪两件事？（修改作文第1～5自然段；邀请做客第6～10自然段。） 教师相机板书。

四、品读课文第1～5自然段。

1. 出示自学提示，学生自学。默读课文第一部分，思考：拿到叶老为“我”修改的作文，“我”看到了什么？有什么感受？画出相关的语句，读一读，并批注出你的感受。

2. 全班交流。

（1）第3自然段。

“翻到我的那篇作文，我一下子愣住了：映入眼帘的是红色的修改符号和改动后增添的小字，密密麻麻，几页纸上到处是红色的圈、钩或直线、曲线。”

借助资料袋中叶老为“我”修改作文的图片感受叶老为“我”修改了很多处（密密麻麻），指导朗读。

（2）第4自然段。

题目《一张画像》改成《一幅画像》，我立刻感到用字的准确性。通过对比一“张”和一“幅”，体会用字的准确。

“怎么你把包几何课本的书皮去掉了呢？”

“怎么你把几何课本的包书纸去掉了呢？”

同桌合作读，体会修改前后的不同，品味用词的准确。

（3）认识两个修改符号：删掉、删改。

（4）学生齐读整段，再次体会叶老的认真、平和以及温暖。

（5）学习第5自然段。自由读课文，思考：怎样写才能写好作文？教师总结提升写好习作的小窍门：用词准确规范。

五、整合课文，升华情感。

理清第三、四、五自然段的思路，体会“我”的情感变化。

叶圣陶先生为“我”修改作文，树立了“我”的信心，激励“我”写得更好，使“我”走上了文学之路，也成了一位大作家。几十年后，“我”仍然不能忘记这件事，今天就让我们和“我”一起，再回忆当年的一幕幕。用上课文当中的话，填一填。

当翻到我的那一篇作文时，我________________

当我仔细看了叶老的修改后，我______________

当我看到叶老简短的评语后，我______________

六、读写结合，练习修改。

运用学过的两个修改符号试着修改一篇小短文。

七、拓展延伸，提出问题。

这节课，跟随“我”回忆了叶老的故事，学会了如何写好作文和修改习作。这篇课文的课题是《那片绿绿的爬山虎》，课文的第二部分有没有写爬山虎呢？下节课我们再来学习。

**板书设计**

那片绿绿的爬山虎

修改作文：用词准确规范

邀请做客：平易真诚

**课后反思：**这篇课文是作家肖复兴在1992年为了纪念叶圣陶先生写的回忆文章，回忆1963年叶圣陶先生给“我”批改作文，并请“我”到他家做客，使“我”受益匪浅的成长经历，表现了叶圣陶先生对文一丝不苟、对人平易真诚，堪称楷模的文品和人品。

注重学习方法的总结与提升。在检查预习时，教师指导学生读词语及句子，结合字典的注释理解词语。这是课程标准第二学段阅读教学中提出的理解词语的方法。教师引导学生思考：我们理解词语常用的方法有哪些，并指导学生归纳总结，学生进一步明确常用的理解词语的方法，并在以后的学习中落实运用。

教学中合理取舍，实现一课一得。第一课时的容量比较大，所以在讲解完课文第一部分后，教师让学生运用学过的修改符号进行习作修改练习，把这一部分作为教学的重点内容进行处理，其余部分以读代讲。教师在教学中对教学内容进行了大胆的取舍，抓重点，讲重点，而不是蜻蜓点水、面面俱到。只有明确在教学中应该教什么，怎么教，进行合理的取舍，才能真正实现课堂的高效。

## 在想象和联想中体会艺术之美

### ——《月光曲》教学设计与反思

**学习目标：**1. 能正确认读“恬静、幽静、霎时间、入场券、水天相接、一缕一缕、微波粼粼、波涛汹涌”等词语，指导写好“幽”字。2. 正确、流利地朗读课文，简单了解贝多芬创作《月光曲》的经过。3. 品读第九自然段，感悟文章的文字美、情感美、意境美，并试着背诵。4. 学习作者通过联想进行表达的方法并尝试运用。

**教学重难点：**品读第九自然段，想象画面，受到美的熏陶；体会作者通过联想进行表达的好处，并在具体的语境中尝试运用。

**教学过程：**

（一）直接导入。

（二）检查预习。

1. 检查词语。

2. 指导写好“幽”。

3. 指名分段读课文。

4. 了解贝多芬。

（三）了解贝多芬创作《月光曲》的经过。

1. 自读感悟，汇报交流：究竟是什么打动了贝多芬的心，让他创作出不朽名曲《月光曲》？请同学们默读课文，画出相关的句子，在旁边写下自己的体会。学生默读课文，圈画相关句子，批注。

2. 汇报交流。教师以学定教，指导理解有关内容。

（四）品读第九自然段，感悟作者通过联想进行表达的好处并试着背诵。

1. 请同学们默读第九自然段，看看作者是通过描写哪些景物的变化来表现这首曲子的？圈画出关键词语，把自己的阅读体会简要批注在旁边。

2. 抓关键词，体会写法。月亮升起，海面变幻，这是多么美丽的画面啊！这些画面的变化真的在茅屋外面发生了吗？你是通过什么来判断这些是兄妹俩听到乐曲产生的联想呢？

3. 乐文赏读，熟读成诵。欣赏《月光曲》，再感悟深层变化。贝多芬的情感变化：平静——激动。以乐曲旋律变化创设情境，师生互动，引读成诵。

4. 总结概括变化，激情促读。

（五）迁移运用。

播放《牧童晚笛》，欣赏乐曲，展开联想，写一写。

（六）拓展阅读。

推荐课下阅读《贝多芬传》。

**板书设计**

月光曲

想象　联想

**教后反思：**《月光曲》是六年级上册第六单元的第二篇课文，讲述了德国著名音乐家贝多芬创作《月光曲》的传奇故事。文章熔传说、美景、深情于一炉，文字美、情感美、意境美，充分彰显了单元的主题——“艺术之美”。本课教学承载的主要单元目标：一是品味课文语言，理解作者是如何通过语言文字展示艺术魅力的；二是借助想象和联想，体会艺术之美，丰富审美体验，提升审美品位。

直接导入新课，检查预习。为了使学生对贝多芬的情感变化有更深刻的体验，进而探究其创作的原因，教师设计了“读、画、想、说、读”的环节，使学生与文中的主人公实现共鸣，从而对盲姑娘的追求、哥哥的愧疚、兄妹间互相理解体贴的真情有了更为深刻的理解，更能明白贝多芬弹奏曲子的初衷。

接下来，采用分层读、赛读、齐读等多种形式指导朗读“皮鞋匠……波涛汹涌的大海”，让学生的视觉、听觉等多种感官参与其中，获得整体的感知，形成“通感”，形成较为深刻的印象，使学生对《月光曲》的内容及其所表达的意境有了进一步的感悟。同时，教师带领学生分析课文对联想部分内容的描写随音乐的旋律而变化，既对朗读进行了指导，又为下文“听曲子写画面”的小练笔进行了有效的铺垫。

将音乐融入语文课堂，让学生知道音乐和文字之间是可以相通的，教师借用这篇文章让学生学习“如何联想”的写作方法，培养学生借助音乐形象解读语言文字的能力，触发学生的情感体验。

# 学习品词析句的方法

## ——《燕子专列》教学设计与反思

**学习目标：**1. 正确认读“欧洲、瑞士、气温骤降、长途跋涉、濒临死亡、呼吁、救护、覆盖、车厢、启程”等10个词语，学习用抓关键字理解词语的方法来理解“气温骤降、濒临死亡”的意思。2. 通过朗读，了解课文主要内容，试着借助老师给出的词语说说课文主要讲了一件什么事。3. 引导学生通过对课文的整体把握和重点词句的理解，体会瑞士政府和居民对燕子的关爱，增强保护环境、爱护鸟类的意识。4. 体会描写恶劣气候、环境的内容与人们奉献爱心的关系，感受作者这样写的表达效果，并拓展练笔。

**教学重难点：**领会描写恶劣气候、环境的内容与人们奉献爱心的关系，感受作者这样写的表达效果。

**课前谈话：**出示人与动物和谐相处的图片，引导学生谈谈自己的感受。

**教学过程：**

一、谈话导入，理解“专列”，质疑。

1. “专列”。

依次出示“专卖店”“专车”“专座”等词语，让学生说说自己的理解。

（1）这种专门卖某一种商品的店叫——专卖店。比如：你身上穿的——来自服装专卖店；你用的文具——来自文具专卖店。

（2）这种专门给某一个人或某一些人坐的车叫——专车。比如：专门给总统坐的车叫——总统专车。

（3）公交车上专门给老人、小孩、孕妇坐的座位叫——爱心专座。

2. 板书“专列”。读读这个词，谁能说一说什么叫专列？（专门给某一些人坐的列车，比如：奥运会期间专门给运动员坐的列车就叫作“运动员专列”；快过年了，专门送农民工回家的列车叫“民工专列”。）

3. 板书课题。“燕子专列”是什么意思？齐读课题。看到这个题目，你有什么疑问吗？

二、初读课文，整体感知。

1. 请同学们轻轻打开课本，自由大声朗读课文，遇到不会读的字想办法读正确，遇到难读的句子多读几遍，争取做到正确、流利。

2. 检查自学情况。

（1）出示短语，指名4人读，及时正音。齐读词语。

（2）你读懂了哪个词语的意思？重点理解“气温骤降”“濒临死亡”的含义。出示字典中“濒”的意思，借助注释理解词语“濒临死亡”的意思。用学习理解“濒临死亡”的方法理解“气温骤降”的含义。学生查字典选择“气温骤降”中“骤”的注释，从而理解词语的意思。

小结：读书时遇到不懂的词语，我们可以借助字典来了解关键字在这个词语中的意思，从而理解整个词语的意思。

3. 整体把握课文内容，学习概括课文大意。

（1）指名接读课文，想想课文主要讲了一件什么事？

（2）指导学生试着用老师出示的关键词语来回答。

三、学习第二自然段，感受燕子遇到的“麻烦”。

燕子遇到了什么麻烦呢？自己读一读第二自然段，用横线画出相关的句子。

1. 教师引读。这里的麻烦指的是？指名说。

2. 指导有感情朗读，感受天气的寒冷、情况的危急。说说你的感觉，带着这种感觉读出你的感受。

3. 我听出了你的担心和着急，接着往下读（出示句子），读到这里你的心情有变化了吗？用一句话来夸一夸瑞士政府。国家政府主要是处理国家大事，而救助燕子这件事和国家大事相比显得（微不足道），瑞士政府能做出这种决定，实在是（了不起），让我们为他们的行为鼓掌。

四、学习第三、四自然段，体会描写恶劣气候、环境的内容与人们奉献爱心的关系，感受作者这样写的表达效果。

1. 于是，政府通过电视和广播向人们发出了呼吁（出示：电视台呼吁——广播中大声的请求。）听到消息，居民们是怎样做的呢？（指名说。）

2. 课文中又是怎样写的呢？出示句子，比较两个句子，第二个句子比第一个句子多了什么描写？

居民们走出家门，寻找冻僵的燕子。

居民们纷纷走出家门，冒着严寒，顶着漫天飞舞的大雪，踏着冻得坚硬的山路，四处寻找冻僵的燕子。

3. 交流，指导有感情朗读：多了恶劣气候和环境的描写，还多了人物动作的描写，用一句话就能说明白，为什么作者还这样啰嗦呢？（指名说，并引导学生读出自己的感受。）

4. 这些不畏严寒急切救助燕子的人是有男人，有女人，有老人，还有——孩子，小贝蒂就是其中一个，谁来读一读描写小贝蒂救助燕子的句子？（指名读。）此时的贝蒂为了救助燕子，（出示句子）“她的脸冻得通红，手冻得僵硬，但她一点也不在乎”（指名读），她只在乎——此时此刻，你想对小贝蒂说什么？拿起笔，把你想说的话写下来。

五、总结升华。

在瑞士政府和居民的帮助下，列车开动了（出示最后一段），齐读最后一段。同学们，瑞士政府和居民们用“爱”救助了濒临死亡的燕子，他们也在用实际行动告诉我们：“保护动物，从我做起”。

六、布置作业。

推荐同学们课后阅读冯骥才的《珍珠鸟》。

**板书设计**

燕子专列

**教学反思：**《燕子专列》这篇课文讲述的是有一年春天，欧洲的瑞士气温骤降，风雪不止。这时，从南方飞回北方的燕子经过瑞士，因找不到食物，饥寒交迫，面临死亡的危险。瑞士政府得知这一情况后，呼吁人们寻找冻僵的燕子，将它们送到车站，并用带有空调的列车将这些燕子送到了温暖的地方。这个故事表现了人类对鸟儿博大的爱心，呼吁人们要保护动物。

根据新课程标准提出的三维目标和学生的最近发展区，教师在执教《燕子专列》时确定了如下的学习目标：正确认读“欧洲”“瑞士”“气温骤降”“长途跋涉”“濒临死亡”“呼吁”“救护”“覆盖”“车厢”“启程”等10个词语，学习用抓关键字理解词语的方法来理解“气温骤降”“濒临死亡”的意思。通过朗读，了解课文主要内容，试着老师给出的词语说说课文主要讲了一件什么事。引导学生通过对课文的整体把握和重点词句的理解，体会贯穿全文的爱心，增强保护环境、爱护鸟类的意识。体会描写恶劣气候、环境的内容与人们奉献爱心的关系，感受作者这样写的表达效果。

在本课的教学中，为了触发学生的情感，上课伊始，教师让学生欣赏人类保护动物的图片，使学生从图片中感受到保护动物的重要性。师生谈话了解“专卖店”“专车”“专座”进而理解“专列”，接着质疑：燕子是候鸟，能长途飞行，为什么还要用专列送呢？让学生带着疑惑走进故事，通过朗读、思考、交流的方式，引出瑞士人民救助燕子的段落进行研究学习。

为了帮助学生更好地理解课文，教师在教学中通过让学生画出描写居民救助小燕子动作的词以及描写小贝蒂的句子来加深对文章理解。再通过对重点词语、重点句子的研读，让学生体会到瑞士居民为了救助燕子，不顾自己安危的精神，从而使他们认识到动物是我们的朋友，我们要保护动物，不去伤害它们。“你想对小贝蒂、广大居民、小燕子说些什么？”这一拓展练笔问题的提出，既升华了情感，又锻炼了学生的写作能力。

# 模仿运用　写好句子

## ——《秋天的雨》教学设计与反思

**学习目标：**1. 正确、流利、有感情地朗读课文，读出作者对秋天的雨的喜爱和赞美之情，背诵自己喜爱的部分。2. 读懂课文内容，感受秋天的美好。3. 初步体会比喻句、拟人句的表达特点，积累好词佳句，并仿写句子。

**教学重难点：**1. 教学重点：使学生通过课文生动的描写，体会秋天的美好，感受课文的语言美，体会比喻句、拟人句的表达特点并仿写。2. 教学难点：（1）读出作者对秋天的雨的喜爱和赞美之情。（2）体会作者在遣词造句方面的特点。学习写比喻句、拟人句，积累好词佳句。

**教学方法：**运用多媒体教学，激发学生的阅读兴趣，积极引导学生自读自悟，边读边想象画面，让学生在读中感悟、读中积累、读中迁移，充分尊重学生独特的感受、体验和理解。

**教学过程：**

一、以“雨”引入，激发情感。

同学们，你们喜欢下雨吗？你们喜欢什么样的雨？春天的雨润物无声，夏日的雨给我们带来一阵清凉，而秋天的雨则像一把钥匙，悄悄地打开了秋天的门……秋天的雨给我们带来了五彩缤纷的世界，给人们带来了丰收的喜悦。今天让我们一起伴着这绵绵的秋雨走进课堂，走进课文《秋天的雨》。

二、板书课题，齐读课题。

三、初读课文，感知内容。

1. 秋天的雨既清凉又温柔，你们想不想看看作者笔下的秋雨是什么样子的呢？

2. 多媒体播放秋天景色的画面和课文配乐朗读。

3. 欣赏了秋天美丽的景色，聆听了刚才的课文朗读，你们觉得秋天的雨神奇吗？那就让我们走进课文《秋天的雨》去感受它的神奇魅力吧！

4. 学生自由朗读课文，感知课文内容。

四、再读课文，再次感知。

1. 秋天多么美好啊！让我们走进文章，打开秋天的大门，一起去欣赏秋天，感受秋天。请同学们自由读课文，边读边想：

课文从哪个几方面来写秋天的雨？边读边画出有关的句子。

2. 秋天的雨是怎样的呢？指名学生读自己画出的句子。（课件出示句子）请大家一起朗读这三个句子：

“秋天的雨，有一盒五彩缤纷的颜料。”

“秋天的雨，藏着非常好闻的气味。”

“秋天的雨，吹起了金色的小喇叭，它告诉大家，冬天快要来了。”

五、抓住重点语句，品读课文。

（一）学习课文第二自然段，理解“五彩缤纷”的含义，感悟秋天的色彩美。

1. 学生默读第二自然段，寻找描写颜色的词语。

（1）学生默读课文第二自然段，一边读一边把描写颜色的词语画下来。教师根据学生的回答，利用多媒体课件把描写颜色的词语变成相应的颜色。

（2）秋天的雨把这些颜色都给了谁？教师根据学生回答出示相应课件。

2. 想不想看看这些多彩的颜色和美景呢？（播放秋景课件，教师配乐解说。）

3. 重点体会，指导美读。

（1）学生轻声练读自己喜欢的句子，并用笔画下来。

（2）学生读出自己喜欢的句子并说明理由，多媒体显示相应句子及画面，教师分别作朗读指导。

4. 辨析比较句子，体悟比喻句表达的特点。（课件出示相关语句。）

你看，它把黄色给了银杏树，黄色的叶子像一把把小扇子，扇哪扇哪，扇走了夏天的炎热。它把红色给了枫树，红红的枫叶像一枚枚邮票，飘哇飘哇，邮来了秋天的凉爽。

学生自己读一读，比较一下哪一句好？说说为什么。第一句好，因为“扇哪扇哪”让我们仿佛看到银杏叶像一把把黄色的小扇子，轻轻地、轻轻地帮我们扇走了夏天的炎热，而“飘哇飘哇”让我们感受到红红的枫叶像一枚枚邮票，为我们邮来了秋天的凉爽。

5. 仿写：秋雨还把什么颜色送给了谁？你能仿照文中的句子说几句话吗？出示相关图片，让学生练习仿写。

6. 秋雨给我们带来的颜色可真多真美啊！用书上的一个词来形容那就是——（学生：五彩缤纷）。谁会运用“五彩缤纷”这个词语造句？

7. 齐读全段，边读边想象画面。

（二）学习课文第三自然段，抓住重点词句体会秋天“气味的香甜”。

秋天的雨不但有五彩缤纷的颜色，还藏着许多好闻的气味呢。（板书：藏着气味。）谁愿意给大家读一读这一自然段？

1. 指名读。

2. 你还知道秋天的雨里藏着什么香味吗？谁能仿照“梨香香的，菠萝甜甜的”来说说？（枣甜甜的，葡萄酸酸的……）

3. 续写“勾住”。

小朋友们被香味勾住以后是怎样的呢？展开美好的想象，假如你们也在那里，你们会怎么做呢？拿起笔，接着书的第三自然段，写一两句话。

4. 啊！秋天的雨里原来藏着这么多成熟的果实呢！秋天的雨多香啊！我们带着这样的想象，美美地朗读这一自然段。

5. 学生有感情地朗读课文。

（三）表演朗读，学习课文第四自然段。

秋天的雨不仅给我们带来了很多颜色和好闻的气味，她还是个热心人呢！瞧！她现在正拿着金色的小喇叭喊话呢！听听，她在说些什么？同学们，老师有个好主意，咱们来把第四段的内容演出来，好吗？

1. 怎样把课文中的内容演好？你想演谁？指导学生选择适合自己的角色，自主练读课文。

2. 师生互动表演，以演促读。

3. 你们真是出色的小演员。这么快乐的景象，你们想不想大声地读出来呢？那就请你们自由读读这一自然段吧！课件出示第四自然段。

六、总结全文，升华情感。

1. 小结。难怪课文第一自然段说秋天的雨是一把钥匙，带着清凉和温柔，轻轻地、轻轻地，趁你没留意，把秋天的大门打开了。（板书：钥匙。）

2. 拓展。小朋友们，说说看，你看到了一个怎样的秋天？教师根据学生的回答，相机板书：丰收、欢乐……

3. 积累背诵。

想不想把这么美的景色永远留在脑海里？那么就选择你最喜欢的句子或者段落读一读、背一背吧。

**板书设计**

秋天的雨

颜色美

味道甜

**教学反思：**《秋天的雨》全文共五个自然段，第一自然段写秋雨是钥匙，打开了秋天的大门；第二自然段写秋天色彩丰富；第三自然段写秋天果实丰收；第四自然段写秋天里动物、植物准备过冬；最后一个自然段写秋雨是丰收、欢乐的歌。课文抓住秋天的特点，从秋天的到来，描写了秋天缤纷的色彩、秋天的丰收景象以及深秋中多种动物、植物准备过冬的情景，让我们感受到秋天的美好，激发学生对秋天的喜爱之情。

《秋天的雨》是一篇写景的抒情小散文，语言文字优美，精彩的描写集中在第二、第四自然段。联系生活实际和上下文理解重点词句，背诵积累好的词句。学生在流畅读书的基础上背诵喜欢的精彩的句子、段落，这将为他们今后的语言发展奠定良好的基础。

注重朗读的指导。《秋天的雨》是一篇抒情写景散文，指导学生美美地读课文是本文的教学重点。在这节课中，“读”贯穿于整个教学过程，教师引导学生通过自由读、指名读、配乐读、师生合作读等多种形式，充分感悟课文的语言美、情感美。特别是在学习第二自然段时，教师为课文配上优美的音乐和背景，让学生朗读第二自然段，在朗读中，想象画面，感悟课文语言的精妙。

注重语言文字训练。第二自然段中有这样两个重点句子：“黄黄的叶子像一把把小扇子，扇哪扇哪，扇走了夏天的炎热。”“红红的枫叶像一枚枚邮票，飘哇飘哇，邮来了秋天的凉爽。”教师在引导学生欣赏优美句子的同时，让学生发挥想象，在读中观察比较这两个句子的共同点，然后再入情朗读，体会句子的韵味美。为了让学生掌握并运用这个句式，在学完第三句后，教师安排了这样一个句式训练：“它把金黄色给了田野，像（　），（摇）啊（摇）啊，（摇）来了__________。”让学生活学活用。在学生充分朗读、体会的基础上，教师再给出水果和植物的图片，让学生看图仿说。由扶到放，为学生搭建语言表达的支架，降低了说的难度，使学生愿说、乐说，说对、说好。

# 读中感母爱　写中颂母爱

## ——《母鸡》教学设计与反思

**教学目标：**1. 研读作者对母鸡态度的词语、句子，体会其情感态度变化的原因，感受母爱的伟大。2. 比较《母鸡》与《猫》在写法上的异同，学习围绕一句话（一个特点）展开描写的写作手法，描写自己的母亲。

**教学重难点：**1. 感受作者对母鸡由厌恶到喜爱、尊敬的情感经历。2. 感受母鸡伟大的母爱。3. 比较《母鸡》与《猫》在写法上的异同，学习围绕一句话（一个特点）展开描写的写作手法，描写自己的母亲。

**教学过程：**

一、导入。

猫是一种很平常的小动物，可是在热爱生活的老舍先生看来，猫却如同一个既可爱又淘气的孩子。老舍眼里的母鸡又是怎样的呢？这节课我们再来认识一下老舍先生笔下的母鸡。

二、板书课题，齐读课题。

检查预习：同学们已经认真地预习了这篇课文，上课之前，先读读这几个词语，看看你们是否已经通过预习认识了它们。

出示词语：下毒手、狠狠地、一撮儿毛、欺侮；

细声细气、颤颤巍巍、如怨如诉、趁其不备；

负责、慈爱、勇敢、辛苦。

齐读，指名读。通过阅读，你们发现这三组词语在感情色彩上有什么不同？这些词都是描写同一只母鸡，为什么态度这么不一样呢？请同学们快速地朗读课文，找出描写“我”对母鸡的态度前后有什么不同的句子，在文中画出来。

三、初识母鸡特点。

作者一开始就说“我”一向讨厌母鸡，但是后来又说不敢讨厌母鸡了。“我”前后对母鸡的态度发生了很大的变化，课文的内容也发生了很大的变化，作者用了一个过渡段把内容完整地结合在了一起。现在请同学们快速地找一下，在文章中标出来。（第四自然段。）（学生读书，标记，交流。）出示相关段落：“可是，现在我改变了心思，我看见一只孵出一群小雏鸡的母鸡。”

它在本课中起到了什么作用？此过渡段把文章的内容分为两部分，前三自然段写的是“我”讨厌母鸡，后面的自然段写的是“我”不敢讨厌母鸡。默读课文前三个自然段，试着概括“我”讨厌母鸡的原因，也就是母鸡的特点。要求：先自己思考总结圈画批注，然后小组内交流。

指名学生交流：用一个词总结概括“我”讨厌母鸡的什么。（教师根据学生的回答板书：叫声烦人、欺软怕硬、炫耀自己。）这只母鸡的确叫人讨厌。谁来读一读？读出你的体会。

四、自读自悟，感受母鸡特点。

1. 母鸡叫声讨厌、欺软怕硬、爱炫耀自己，所以“我”一向讨厌它。后来“我”为什么不敢再讨厌它了呢？文中用一句话概括出了“我”“不敢再讨厌它”的理由，你找到了吗？指名学生交流：它负责、慈爱、勇敢、辛苦！

2. 母鸡负责、慈爱、勇敢、辛苦是从哪些段落里体现出来的呢？学生自由朗读课文第五至八自然段并批注体会。

3. 各小组合作研读交流体会，指名一小组汇报研讨结果。

从“每只鸡雏的肚子都圆圆地下垂，像刚装了一两个汤圆似的，它自己却消瘦了许多”体会到了鸡母亲的负责和辛苦。从“立刻警戒、挺着脖儿、预备作战”等词语体会到了鸡母亲的勇敢和负责。从“一天不知教多少次、半蹲着、她一声不吭”体会出鸡母亲的辛苦。从“鸡母亲晚上睡觉都要保持高度的警惕”体会出母鸡真的很负责、很辛苦。

4. 朗读指导：鸡妈妈多么负责，多么辛苦呀，让我们带着体会再来读一读这些文字，再次体会鸡母亲的伟大。

五、总结，升华情感。

正因为母鸡的负责、慈爱、勇敢、辛苦，正因为母爱的伟大，所以老舍先生的情感才从“一向讨厌母鸡”变为“不敢再讨厌母鸡了”。此时此刻，你感受到作者对母鸡究竟是一种怎样的情感？喜欢、敬佩、赞赏……

六、联系生活，拓展延伸。

此时，老舍先生对母鸡已经不是简单的喜欢，而是一种敬佩了。怪不得作者说：“一位母亲必定就是一位英雄。”这里的母亲仅仅是指鸡母亲吗？不，还包括我们每个人自己的母亲，那么就让我们满怀对母亲的敬佩之情齐读第九自然段。

七、对比写法，拓展练笔。

请同学们回顾前面学过的课文《猫》，思考发现本篇课文与《猫》有哪些异同点？每个人都有自己的妈妈，我们和妈妈每天朝夕相处，也许你觉得妈妈没有什么大的成就，平时还经常批评你、唠叨你，甚至有时候你还很讨厌她，可是在她生下你的那一刻起，她就已经是英雄了，你经由她来到这个世界，单凭这一点就足够你感恩一辈子了！此刻你一定有很多话想对自己的妈妈说，我们可以试着围绕妈妈的一个特点写一段话。

**板书设计**

母鸡

讨厌　敬佩

无病呻吟　勇敢　负责

欺软怕硬　慈爱　辛苦

拼命炫耀　伟大

**教学反思**：《母鸡》这篇课文内容浅显，学生很容易理解课文内容。教学重点是引导学生体悟写法的异同，拓展练笔；体会作者的情感变化，感受伟大的母爱。教学中，教师紧扣表达作者情感变化的两句话："我一向讨厌母鸡"和"我不敢再讨厌母鸡了"，引导学生自读自悟相关的语句来感受母爱的神奇力量。为体现语文的工具性特点，落实语言文字的运用，教师在结尾处安排了一个小练笔的环节，指导学生将老舍先生的《母鸡》《猫》作比较，体会写法的不同；再抓住自己母亲的一个特点练习写一段话，通过不同的写法，表达不同的情感色彩，与文本情感产生共鸣。

在教学中，教师抓住重点句理解作者对母鸡的感情：从讨厌到不敢讨厌；再切入课文理解作者讨厌母鸡是因为母鸡的无病呻吟、欺软怕硬和拼命炫耀；而后重点理解作者为什么不再讨厌母鸡，让学生从文中找出句子，理解体会作者的情感变化；最后解决作者为什么用"不敢"，让学生体会到：因为母鸡的辛苦、勇敢、慈爱、负责，因为一位母亲必定就是一位英雄，所以作者敬佩母鸡。

# 借中心句练概括　展开想象写神奇

## ——《盘古开天地》教学设计与反思

**学习目标：** 1. 正确认读“宇宙、黑暗、上升”等生字词。2. 引导学生有感情地朗读课文，能用自己的话复述课文。3. 读懂课文，积累优美词句，体会盘古的献身精神。4. 学习抓住中心句进行概括，并学习如何围绕中心句把一段话写具体。

**教学重难点：** 学习抓住中心句进行概括，并学习如何围绕中心句把一段话写具体。读写结合，培养学生的想象力与表达能力。

**教学过程：**

一、导入新课。

同学们，你们读过神话故事吗？指名同学交流。（播放图片）请同学们看图猜猜这是什么故事？这节课我们再来学习一个神话故事《盘古开天地》。板书课题，齐读课题。课题质疑。

二、检查预习。

出示本课的生词：肌肤、四肢、血液、滋润、辽阔、创造、黑暗、下降、一丈。自由读、请小老师领读、同位检查读、开火车读、指名检查读。

三、整体感知，提炼中心。

1. 请同学来开火车接读课文，其他同学边听边思考：课文主要讲了一件什么事？（用文中的一句话来概括。）

2. 指名学生汇报交流，屏幕出示：“人类的老祖宗盘古，用他的整个身体创造了美丽的宇宙。”这句话就像这篇文章的眼睛，能概括文章的大意，像这样的句子我们把它叫作——中心句。

3. 学生齐读中心句：人类的老祖宗盘古，用他的整个身体创造了美丽的宇宙。

四、精读课文，拓展延伸。

1. 盘古开创了美丽的宇宙，那盘古创造宇宙之前世界是什么样子的？学生默读课文圈画出相关语句。

2. 指名学生汇报交流，屏幕出示："很久很久以前，天和地还没有分开，宇宙混沌一片像个大鸡蛋。有个叫盘古的巨人，在混沌之中睡了一万八千年。"

3. 理解词语"混沌"：混沌在这里是模糊一团的意思。带着体会再次齐读第一自然段。

4. 自由读课文第二自然段，找一找盘古醒来后是怎么做的？用"____"标出来。养成不动笔墨不读书的好习惯。

5. 学生汇报，课件出示相关语句：他见周围一片漆黑，就抡起大斧头，朝眼前的黑暗猛劈过去。

（1）指名学生大声地朗读这句话。

（2）比较句子，体会恰当运用词语的精妙之处。

他见周围一片漆黑，就抡起大斧头，朝眼前的黑暗猛劈过去。

他见周围一片漆黑，就拿起大斧头，朝眼前的黑暗砍过去。

（3）做动作，体会"拿起""抡起"两个动词的不同之处，说出自己的感受，并带着自己的体会与感受练习朗读。

6. 课件出示句子，感受变化美。

轻而清的东西，缓缓上升，变成了天；

重而浊的东西，慢慢下降，变成了地。

（1）画出句子中的三组反义词，用多种形式读一读这组句子，体会运用反义词形成的鲜明对比。反义词体现了不同事物的特点，使我们对事物有更加清晰的认知。

（2）找出句中的近义词："渐渐""缓缓""慢慢"。把这三个词语都换成"慢慢"，读一读，体会语言表达的丰富与不同，积累语言。

（3）指导有感情地朗读。

7. 盘古一把斧头就分开了天和地，用一个成语来概括这个过程：开天辟地。

8. 学习第三自然段，自由读课文，根据自己的理解用一个词语概括：顶天立地。

9. 一千年，一万年，不知过了多少年，天和地终于形成了，盘古也累得倒下了，但盘古倒下后并不是神话的结束，而是个美妙的开始。盘古创造宇宙之后宇宙又是怎样的呢？请同学们自由读第四自然段，从文中找到一句话来概括。出示语句：盘古倒下后，他的身体发生了巨大的变化。此句为中心句，请同学抓住中心句来概括段落的主要内容。男女生合作读这段话，教师评价。教师配乐朗读第四自然段，即盘古的身体发生了巨大神奇的变化这一段。同学们闭上眼睛，边听边想象画面。指名学生交流，你仿佛听到了什么？看到了什么？写一写。

10. 课文是怎样把盘古的变化写得生动而神奇的？请同学们自由读第四自然段，学习体悟写法。这段话美得像一首诗。师生合作读一读，共同分享这段美妙文字带来的心灵震撼。（将第四自然段变换成连排的诗句，出示在屏幕上）请同学们再读一读。

盘古的身体仅仅只发生了这些变化吗？你们从哪里知道盘古的身体不仅仅发生了这些变化的？（第四自然段最后有个省略号。）请同学们发挥自己的想象，说一说盘古的身体还发生了哪些神奇的变化？

11. 出示句式进行仿写。

它的（　　）变成了（　　）的（　　）；它的（　　）变成了（　　）的（　　）；它的（　　）变成了（　　）的（　　）。

五、总结提升。

盘古，他用自己的身体化成了宇宙万物，化成了所有一切的一切！（板书：化作万物。）盘古他开天辟地、他顶天立地、他化作万物！面对这么一位坚持不懈的巨人，你想对着他说点什么吗？指名学生交流，教师小结。（奉献精神、伟大等。）齐读最后一个自然段，读出敬佩之情。

六、拓展延伸，布置作业。

推荐阅读其他神话故事。

**板书设计**

盘古开天地

创造 ┤ 开天辟地 / 顶天立地 / 化作万物

**教后反思：**《盘古开天地》是一篇神话传说，讲述的是一个名叫盘古的巨人开天辟地的故事。课文处处充满了神奇的想象，用生动准确的语言塑造了盘古雄伟、高大的形象，赞美了他为开辟天地而勇于献身的精神。教学的重点是引导学生了解盘古开天地的故事内容，激发其阅读神话故事的兴趣，培养他们的想象力。

在教学时，教师紧紧抓住神话故事的特点，以“传说中的盘古是怎样创造美丽的宇宙的？”为主线展开教学，在引读、想象、体验中，让学生感受到盘古这一神话人物顶天立地的高大形象和勇于献身的伟大精神，领略神话故事的无穷魅力，激发学生阅读神话故事的兴趣。

在课堂上，“读”贯穿始终，学生读得充分、读得扎实、读得多样。如第二节的“抡起”“猛劈”，学生自己做动作，感受、加深读的感悟；教师在引读时对“轻、重”“清、浊”“上升、下降”的解读，以及对“慢慢”“缓缓”的先理解后表达都进行了较为扎实的指导，落实了语文学科的工具性特点。

有效合作，激发想象，感受神话魅力。在教学“盘古倒下后，他的身体变成什么”这节时，教师采用配乐读、引读、师生分句读，为学生营造了轻松、愉悦的朗读氛围。同时随机摘录这一节中的优美的词组，通过美读，感悟语言，积累语言，符合《义务教育语文课程标准》总目标中所提出的要求：培养学生“具有独立阅读的能力，注重情感体验，有较丰富的积累，形成良好的语感”。为下一环节学生仿写句子训练“他的____变成了________的______”做了很好的铺垫，学生的表达水到渠成，丰富而多彩。

## 学习句子中词语的准确运用

### ——《花钟》教学设计与反思

**学习目标：**1. 认识8个生字，联系上下文、生活经验理解“欣然怒放、苏醒”等词的意思。2. 正确、流利、有感情地朗读课文，在读中感悟文章表达方式的多样性、用词的科学性，培养留心观察周围事物的意识。3. 引导学生把自己喜欢的句子抄下来，积累语言。4. 在理解课文内容的基础上，学习不同句式的表达方法，尝试给一些句子换一种说法，体会课文语言表达的精妙，并结合具体的语境学习运用。

**教学重难点：**在理解课文内容的基础上，理解不同句式的表达方法，尝试给一些句子换一种说法，体会课文语言表达的精妙，并结合具体的语境学习运用。

**教学过程：**

一、直接导入，板书课题。

二、检查预习。

1. 出示词语。

欣然怒放、暮色、干燥、淡雅、昆虫、传播、吻合、一致。

（1）借助拼音，自己读读词语。

（2）去掉拼音，小老师领着大家读。

（3）一起读读单个的生字，比一比，谁读得最准确。

（4）打乱顺序指读生字。

2. 指名学生接读课文。（要求：读准字音，读通句子，不添字、不漏字、不回读。）

三、学习第三段。

1. 什么是花钟？（把不同时间开放的花种在一起，把花圃修建得像钟面一样，组成花的时钟。）这个答案藏在课文的哪一段？（出示第三段，第一句画线。）自己读第一句，把它读通顺。指名读，再齐读。出示“花钟”的图片。这就是漂亮的花钟，没有数字，也没有指针，那怎么知道时间呢？再读读第三段，大家就会明白的。

2. 花钟是怎么告诉我们时间的？（读第三段第二、三两句。）理解“陆续”是什么意思，要看懂花钟就要知道什么？（花钟上的每种花是几点开放的。）这是哪一段写的呢？

四、学习第一段。

1. 学生自由读第一段，找花名，用“____”画出来。

（1）学生开火车说出花名，老师贴上相应的花的图片。

（2）学生看图，齐读花名。

2. 我们还知道这些花开花的时间也是不同的。再浏览这一段，用“____”画出表示时间的词语。抢答游戏，老师指哪种花，学生迅速说出开花的时间。

3. 随着一天中时间的推移，我们发现这些花陆续地开放了。出示句子：“牵牛花开花了，蔷薇开花了，睡莲开花了，午时花开花了，万寿菊开花了，烟草花开花了，月光花开花了，夜来香开花了，昙花开花了。”自由朗读上面的文字，你有什么感受吗？（重复、枯燥、干巴、无趣……）

4. 课文中是怎么描写的呢？出示相关的段落，对比读一读，你有什么感受？（优美、生动，运用拟人的手法把花写得活灵活现，非常有趣。）

5. 两段文字都是在写花开放，但语言表达却不相同，课文写出了各种花开放时的不同样子，你能把花开放时的样子读出来吗？现在请你们选择自己最喜欢的花，配上动作、表情，把花的美读出来。在指导朗读的过程中理解词语“欣然怒放”“含笑一现”：（1）“欣然怒放”中的“欣然”是什么意思？（高兴的样子。）“怒放”呢？（开得生机勃勃，气势很盛大。）谁再来读读？（2）昙花开的时间长吗？（时间短。）你怎么知道的？（含笑一现。）昙花开时洁白如雪，幽香四溢，可开放的时间最多3～4个小时，少的只有30分钟，所以说美丽的昙花含笑一现。现在，我们常常用“昙花一现”这个成语形容美的事物非常短暂。你能读好吗？尽管花开的时间短暂，但我们却看到了昙花美丽的瞬间。谁再来展示一下？请同学们再连起来一起读读这段话。

6. 师生对读：你们读得有滋有味，老师也想和大家一起读。

这样，我读前面的部分，你们接着读花开的样子。多种形式反复朗读并能熟读成诵。

7. 默读课文，思考：从这段话末尾的省略号中，你读出了什么？

五、拓展练笔。

出示花的图片、名称、开放的时间，仿照这一段写一写。选择最喜欢的两种花来写，写的时候可以用上文中的词语，也可以用平时积累的词语。

六、作业。

孩子们，花钟还不完美，有些时间段还没有花，希望你们课余可以搜集24小时内陆续开放的花，设计、制作一个美丽的花钟。

**板书设计**

花钟

牵牛花：吹起了紫色的小喇叭

蔷薇：绽开了笑脸

睡莲：从梦中醒来

烟草花：在暮色中苏醒

昙花：含笑一现

**教学反思：**《花钟》这篇课文说明了不同的花会在不同的时间开放及其开放的原因。作者先讲观察后的发现：一天之内，不同的花开放时间是不同的，并形象列举了牵牛花等9种不同的花的开花时间来说明这个发现；接着分析回答了不同植物开花时间不同的两个原因，开花时间与温度、湿度、光照有关，也与昆虫的活动时间有关；最后扩展开来，谈到植物学家修建“花钟”这一做法的奇妙。

教学这篇课文的重点是，在理解课文内容的基础上，尝试给一些句子换一种说法，理解不同句式的表达方法，并学以致用。

《义务教育语文课程标准》指出：阅读是学生个性化的行为，不应以教师的分析来代替学生的阅读实践，应让学生在主动积极的思维和情感活动中加深理解和体验，重点是培养学生具有感受、理解、积累和初步运用的能力。因此，在教学中，教师通过各种形式的朗读，让学生比较、理解、感受句子的多样表达方式，培养和发展学生的语言能力，在学习运用形象、生动、具体的描写方法的基础上，让读与写有机结合起来。在理解、朗读、感悟的过程中，教师尊重学生的独特感受，让学生进行自我建构，学会阅读。学生通过各种不同形式的阅读，想象各种花开放时不同的样子，揣摩省略号，并以读写结合的方法，进行充分的语言实践活动。

# 借助图片　仿写句子

## ——《假如》教学设计与反思

**学习目标：** 1. 认识本课9个生字。能正确、流利地朗读课文，并能根据课文句式，展开想象仿写句子。2. 通过聆听感受、动作模拟、自读自悟、深入品读等阅读活动理解文本，并在朗读和句式仿写中得到能力的培养和情感的熏陶。3. 激发学生关爱他人、关爱生活、关爱环境的真情实感，显示儿童博大而纯真的心。

**教学重点难点：** 认识9个生字，正确流利地朗读课文，体会小树、鸟妈妈、小鸟、西西心理变化的不同。能根据课文的句式展开想象仿写句子，培养关爱他人、关爱环境的意识。

**教学过程：**

一、故事导入。

1. 同学们，你们喜欢听故事吗？今天老师就给大家讲个故事，这个故事的名字叫《神笔马良》。从前有个叫马良的穷孩子，他很爱画画，可是买不起笔，他就用树枝在沙地上练习画画。一位神仙老爷爷被感动了，就送给他一支神笔。马良用这支神笔画了一条鱼，鱼就活了，马良把鱼送给了几天都打不到鱼的渔夫；他画了好多的粮食，让饿肚子的穷人吃上了香喷喷的大米饭。马良用这支神笔帮穷人做了好多好多的好事。他的这支笔真神呀！你们想要一支这样的神笔吗？

2. 有一位小朋友也和我们一样，非常渴望拥有一支马良的神笔，来实现自己心中的愿望，她把自己的心愿写成了一首诗，题目就叫作——《假如》（板书课题）。让我们再来读读课题！

二、初读课文，认读字词。

1. 你们知道作者想要实现哪些愿望吗？我们一起来欣赏一下这首诗歌吧！教师配乐朗读。

2. 孩子们，你也想像老师这样认真地读一读这首小诗吗？注意读准字音，读通句子，遇到难读的字多读几遍。

3. 刚才同学们读得非常认真，下面我们先来看一看课文中的生字。你能够自信、响亮地读出这些生字吗？

出示词语：马良、缩着、健康、遥远、寻食、不幸、哭泣、假如、操场。

（1）自由读。（2）指名读。（3）小组展示读。

出示词组：缩着身子、轻轻叹息、苦苦等待、快活地成长、好吃的谷粒、遥远的地方、健康的身体。

（1）教师范读。（2）指名读。（3）齐读。

出示生字：食、缩、泣、遥、寻、良、健、康、操。

开小火车读，说说最难识记的字，教师总结识字方法。

三、再读课文，指导朗读。

1. 接读课文，其余同学边听边想：小作者想用马良的神笔来实现自己心中的愿望，那么她都给谁画了什么？拿出手中的笔画出来。指名学生汇报，教师相机板书：太阳、谷粒、好腿。

2. 学习第一小节：小作者为什么要给小树画一个红红的太阳呢？指名同学读一读第一小节。（课件出示小树。）

3. 同学们，现在你们就是小树，假如没有温暖的阳光，寒风呼呼地吹着，这时你们会感觉怎样？从哪里看出了小树特别冷？你抓住了哪个重点词体会到小树的冷的？你能读读吗？（缩）学生做缩的动作。

4. 配乐表演：让我们一起来演一演这棵寒风中的小树吧！你听，（播放北风呼啸的声音）北风呼呼地吹着，好冷的风啊！好冷的冬天啊！

小树，小树，你为什么缩着身子？（学生：冷。）

小树，小树，你在叹息什么？（学生：冷。）

小树，小树，你现在最需要的是什么？（学生：太阳。）

（1）现在有了温暖的阳光照在你们身上，你感觉怎样？小树高兴吗？带着高兴的语气来读一读。那么你们这些小树应该对小作者说什么呢？带着感激的心情再次一起读诗的第一节。

（2）总结：听了你们的朗读，小树一定会更加快活地成长，小树再也不会感到寒冷了。

四、学习第二小节：四人小组合作学习第二小节，边读边思考：我为什么要给树上的小鸟画许多好吃的谷粒？指名读。

1. 指导朗读：现在有了马良的神笔，鸟妈妈再也不用那么辛苦了，小鸟能吃到好多的食物。如果你是鸟妈妈，或是小鸟，这时你的心里会怎么想呢？（开心、高兴。）

2. 小鸟在开心什么？鸟妈妈又在开心什么呀？此时它们高兴的心情，你能用朗读表达出来吗？

五、学习第三小节。出示课件，创设情境：残疾的孩子望着窗外的图片。

1. 我们跟着小鸟一块儿伤心，一块儿欢笑，当你看到这个和你们一样大，想自由地奔跑和玩耍，却每天只能孤零零地坐在窗户边上，眼神中充满无限渴望和期待的孩子时，你的心里在想些什么呢？让我们一起来读一读第三小节吧。（出示图片。）

当我们在操场上奔跑的时候，西西也可以和我们一起；

当我们在草地上游戏的时候，西西也可以和我们一起；

当我们在野外尽情地玩耍的时候，西西也可以和我们一起。

2. 西西是不幸的，因为她失去了双腿，西西又是幸福的，因为她有我们的关爱。让马良的神笔带去我们对她的祝愿吧。我们再来读一读。

六、总结。

1. 学到这里，我们知道了小作者有三个美好的愿望。有了马良的神笔是一件多么神奇的事情啊，孩子们想一想：作者心中就只有这三个愿望吗？你从哪里看出她还有很多愿望？引导学生找出文章最后的省略号，讲解这六个点的标点符号叫作省略号，初步认识省略号的作用。

2. 齐读全文：让我们带着一片爱心，再读全文。合作读，老师读前一句，同学们读下面的句子。

七、延伸拓展。

1. 假如你就是作者，你还想实现哪些愿望？我们先来帮一帮课本中的人物。（播放图片。）

假如我有一支马良的神笔，我要给没有见过雪的台湾小朋友画__________，让他们在雪地上____________。

假如我有一支马良的神笔，我要给雨中的小兔画__________，让小兔在雨中不会______________。

世界上还有许多需要我们帮助的人，让我们来看一看。

2. 播放图片。

失学儿童：这是一间冬不挡风夏不遮雨的教室，一群贫困山区想要上学的孩子喊着："我要上学，我要读书！"这是他们唯一的心愿！孩子，假如你手中有一支马良的神笔，你会用它画什么呢？

战争：这是战争中可怜的孩子们，他们失去了爸爸妈妈，失去了温暖的家园，缺吃少穿，假如你手中有一支马良的神笔，你会用它画什么呢？

干旱：因为干旱，土地不能播种庄稼，水管滴不出一滴水，小动物再也不能自由地奔跑；由于污染，大量的鱼儿死亡。当我们生活的家园变成这样的时候，孩子，假如你的手中有一支马良的神笔，你又会用它画什么呢？

3. 总结：孩子们，看了这一幅幅震撼人心的图片，老师相信，你们一定有很多话想说，那就把你想说的话也以这样小诗的形式表达出来吧！

4. 我是小诗人（引导学生逐步补充）。

假如我有一支马良的神笔，我要给贫困山区的孩子们画（　　）。

假如我有一支马良的神笔，我要给战争中的孩子们画（　　）.

假如我有一支马良的神笔，我要给干旱的土地画（　　）。

假如我有一支马良的神笔，我要给（　　）。

八、总结谈话，放飞心愿。

孩子们，老师相信，你们的爱心会像马良的神笔一样，充满神奇的力量，实现你们心中的一个个美好的愿望！

**板书设计**

假如

关心他人

关爱生活

爱护环境

**教学反思：**《假如》是一首充满童趣、情趣、理趣的诗歌，语言清新活泼，充满儿童的想象力、创造力。这首儿童诗借助“马良的神笔”，表达了对小树、小鸟和残疾人的关爱。诗的内容简单，但字里行间却体现了儿童一颗博大而又纯真的心，是培养学生关心他人、关爱生活、爱护环境的好教材。

一、创设情境，体验情感。

叶圣陶先生指出：“作者胸有境，入境始与亲。”小学生缺乏生活经验，知识水平有限，教学中，教师如果仅凭文字叙述，很难向学生呈现直观形象。因此，教师要善于创设各种直观情境。

本节课中，教师通过创设多种教学情境，引导学生体会文章的情感。如在教学第一、二小节时，教师通过多媒体，创设“小树在寒风和大雪中受冻”“小鸟在鸟窝里孤零零地大哭”两个情境，让学生仔细看、仔细听，调动多种感官，感受小树的寒冷、小鸟的孤单。学生如临其境、如闻其声、如见其景，能够深刻体验文中蕴含的情感。

想象是思维的特殊形式，是发展学生创造力、陶冶高尚情操的重要智力因素。在教学第一小节时，教师让学生联系自己的生活体验，进行换位思考：“你就是寒风中的一棵小树，你会怎么样？”在第二小节中，让学生发挥想象：“鸟妈妈为了自己的孩子到遥远的地方去寻食，它会飞过哪些地方？会遇到什么困难？”通过想象，感受鸟妈妈的艰辛以及小鸟等待妈妈的焦急，在想象中帮助学生理解小鸟急切需要食物的心情。

二、把主动权交给学生。

在教学中，让孩子自主识字，运用以往学过的识字方法自由地展示，做到生教生，充分张扬学生的个性，展示学生的能力。这样，孩子们动起来了，整个课堂活起来了，孩子们主动参与，成为学习的主人，在乐中学，在学中乐，从而顺利地完成了教学任务。

总之，在整节课的设计中，教师注意把学习的自主权交给学生，使每个学生的学习兴趣和主动意识得以长久地保持，做到乐学、主动学，学有所得，在轻松愉悦中掌握知识，发展语言。

# 学对比　说反语　练表达

## ——《白鹅》教学设计与反思

**学习目标：** 1. 会认8个生字，会写“脾”字。2. 能够正确、流利、有感情地朗读课文，背诵自己喜欢的段落，摘录、积累好词好句。3. 了解白鹅的特点，体会作者对白鹅的喜爱之情。4. 学习作者运用对比、反语进行写作的方法，体会作者用词的准确生动和幽默风趣。

**教学重难点：** 学习作者运用对比、反语进行写作的方法，体会作者用词的准确生动和幽默风趣。

**教学过程：**

一、导入。

1. 欣赏“白鹅”，了解作者。

著名的画家、散文家丰子恺先生养过一只白鹅，并把它画了下来。这就是他们家的鹅。大家伸出手来跟老师一起书写。（板书：鹅。）

2. 丰子恺先生不仅把它画下来，还专门为它写了一篇文章，今天我们就来学习这篇文章《白鹅》。

3. 把题目补充完整，齐读课题。

4. 出示丰子恺资料，了解作者。

二、走近白鹅，检查预习。

1. 课件出示本课词语，多种形式认读。

2. 出示重点句段，随文识字。

3. 字理识记生字“”，理解字义，学写“脾”字。

4. 指名接读课文，读准字音，读通句子。思考：本文讲了一件什么事？指名交流概括课文主要内容。

三、亲近白鹅，了解“高傲”。

1. 白鹅给“我”留下了什么印象？什么是“高傲”？你能用文章中的话来说一说《白鹅》主要讲了什么吗？

2. 联系上下文，体会第二自然段在文中的作用。

3. 鹅的高傲具体表现在哪些方面？

“高傲的叫声。”

（1）指名交流，你从哪里读出了鹅叫声的高傲？

（2）播放音频“叫声”，引导学生想象。

（3）出示“对比句”，感悟骄傲。

（4）一咏三叹，出示：“好一个高傲的动物！”谁能读出它的高傲？

“高傲的步态。”

（1）先扶后放，小组交流白鹅步态的高傲表现在哪里？

（2）出示对比句，播放“净角”短视频，加深认识。

（3）一咏三叹，出示：“好一个高傲的动物！”读出它的高傲。

“高傲的吃相。”

（1）刚才我们用抓关键词的方法了解了鹅的叫声和步态的特点，谁能用同样的方法在文中找出它吃相的特点呢？

（2）结合特点读出“发笑”。

（3）学习第六自然段，体会“从容不迫”。

（4）出示“老爷”与“堂倌”，体会高傲。

（5）对比学习“鹅老爷”与“窥伺狗”，体会高傲。

（6）想象说话：“鹅便昂首大叫，似乎在责备人们供养不周。”它又说了些什么呢？

（7）一咏三叹，出示：“好一个高傲的动物！”读出它的高傲。

（8）指导有感情地朗读课文。

“明贬暗褒，体会喜爱之情。”

（1）出示第六自然段，理解“不胜其烦”，体会作者感情。

（2）补充原文，体会喜爱之情。

四、总结写法，课堂拓展练笔。

1.出示课件，总结课文写作方法。

2.学以致用，写一写自己喜爱的小动物，运用本文学到的方法，灵活地描写叫声、步态、吃相等其中的一个方面。

**教学设计**

白鹅

叫声

高傲　步态

吃相

**教学反思：**《白鹅》是一篇极富情趣的文章，在作者丰子恺先生眼里，这白鹅俨然就是一位高傲而固执、忠诚而可爱的朋友，所以文本的字里行间每每渗透着那份欣赏和爱怜。《白鹅》一文，重点刻画了白鹅的性格高傲，从一开始抱回家的印象“左顾右盼，好一个高傲的动物”到“鹅的高傲更表现在它的叫声、步态、吃相中”，过渡句统领全文，接着分别从“严肃郑重”的叫声、“大模大样”的步态、“从容不迫”的吃相等具体细致地刻画了鹅的高傲。从作者的描述中，我们不难感觉到这种高傲不令人讨厌，而是可爱有趣、让人发笑。另外，作为一代文学大师，丰子恺先生的行文是值得我们借鉴的。文章结构严谨，围绕“好一个高傲的动物”，分别从“叫声、步态、吃相”三个方面具体写出它的特点，每个部分都有一个总起句（过渡句），是学生学习篇章结构的典范。语言风格十分幽默有趣，善于采用对比的写作方法来表现鹅的高傲，善于采用“明贬实褒”的表达方法，表达对白鹅的喜爱之情。

语文教学应该从学生的“学”出发，全面提升学生的语文素养。

一、重视学习能力的培养，注重自主、合作、探究的小组学习方式，先扶后放，授之以渔，放手让学生在老师的引领下自学。如：引领学生学习鹅的“叫声”后，让其自主合作进行“步态”的学习。

二、借助信息技术，体会高傲的特点，一咏三叹，以读为本，以读促悟，以读促情。

教师紧紧围绕“读”展开教学，想象读、表演读、练读、指名读、齐读，真正带领学生读书，把全文读成一句话：“好一个高傲的动物！”再读成一个词语：“高傲”。整体感知课文，结合多媒体课件品读“高傲”，体会作者的言外之意，感悟白鹅高傲中透露出的有趣和可爱，让学生读书、感悟，真正做到从文中来，到文中去。

三、注重想象能力的培养，教会学生以文学文。

在学习鹅的叫声部分，教师引导学生联系上下文理解“厉声呵斥”“引吭大叫”，想象它会说些什么。在学习鹅的吃相部分时，想象它又会责备人们什么呢？如此以文学文、借文发挥，既培养了学生的想象力，又加深了学生对文本的理解。

四、重视语言文字的运用，学以致用。

语文课堂应成为学生听、说、读、写的学堂，本课以读为主线，在读书的过程中，通过了解对比、反语等写作方法，以及总分的结构形式，学习作者的写作方法和布局谋篇的结构特点。在此基础上，安排课堂小练笔，让学生写一写自己喜欢的小动物，落实语言文字的运用。

# 了解说明方法　运用说明方法

## ——《太阳》教学设计与反思

**学习目标：**1. 会认4个生字，会写10个生字。2. 了解课文从哪些方面介绍太阳，把握课文内容，同时了解列数字、作比较、举实例等说明方法并体会其好处。3. 学习并运用本课学到的说明方法进行拓展练笔，提升习作水平。

**教学重难点：**1. 了解课文从哪些方面介绍太阳，把握课文内容，同时了解列数字、作比较、举实例等说明方法及表达效果。2. 学习并运用本课学到的常用说明方法进行拓展练笔，提升习作水平。

**教学过程：**

一、导入。

同学们，你们对太阳有哪些了解？今天我们就来学习一篇介绍太阳的课文，通过今天的学习，相信我们将会对太阳有更多的了解。板书课题，齐读课题。

二、整体感知课文。

1. 自由朗读课文，边读边思考：课文从哪几个方面向我们介绍了太阳？学生自由读课文，借助工具书解决生字词。

2. 指名学生交流：《太阳》这篇课文是围绕它的远、大、热的特点和与我们人类的关系来写的。

三、了解太阳的特点，明确说明方法。

1. 太阳公公听说我们要了解它，很高兴，特意赶来了，你们听（课件播放录音）："同学们，我离你们很远、很远，我很大、很大，我的温度很高、很高。现在，你们对我了解清楚了吗？"

学生回答："我只知道太阳的三个特点是远、大、热，但它远、大、热到什么程度并没有说清楚，所以我觉得太阳公公说的话不清楚。"

2. 请同学们自由读第1～3自然段，看看课文是怎样把太阳的三个特点写清楚的，选择一个你最喜欢的段落阅读，画出运用说明方法的相关语句，批注体会。

3. 分组交流。学生根据自己的兴趣选择一个喜欢的特点进行重点学习，并在学习小组内进行交流学习。

4. 展示汇报。出示相关语句，学生自由读："太阳离我们有一亿五千万公里远，到太阳上去，如果步行，日夜不停地走，差不多要走三千五百年；就是坐飞机也要坐二十几年。"

四、完成填空练习：太阳离我们有（一亿五千万公里）远，到太阳上去，如果步行，日夜不停地走，差不多要走（三千五百年）；就是坐飞机也要坐（二十几年）。

引导学生发现（　　）里面填的是数字，通过数字具体清楚地说明太阳距离我们很“远”。（列数字。）

五、教师总结：在说明某一事物的时候，通过列举一些具体的数字，能够更加清楚、明确地说明事物的特点，这就是列数字的方法。板书：列数字。

1. 继续交流：写太阳“大”这个特点时，作者还用了其他什么说明方法？学生汇报：课文也运用了做比较的方法来说明太阳的大，一百三十万个地球等于一个太阳。引导学生领悟使用的说明方法——作比较：拿地球的大小来和太阳进行比较。板书：做比较。引导学生发现说明太阳大的特点的方法还有举例子等，并体会其好处。

2. 学习“热”的特点：课文在写太阳热的特点时，运用了列数字的方法，告诉我们太阳的表面温度有五千五百摄氏度。

3. 自己读一读描写太阳远、大、热的特点的段落，体会这样写的好处。

六、拓展练笔。

1. 出示资料：月亮距地球有三十八万四千四百公里，到月亮上去步行要800天，骑自行车要400天，坐飞机要200天，49个月亮等于1个地球。

2. 自由朗读，思考：这一段文字运用了哪些说明方法介绍了月亮的几个特点？

3. 借助课前查阅的资料，用学到的列数字、作比较、举例子等说明方法，以月亮的自述介绍一下月亮。要求：选取月亮的两三个特点写一写，运用列数字、作比较等说明方法，争取把月亮的特点说清楚。

七、认识太阳与人类的密切关系。

1. 自由朗读课文第5～7自然段，画出总起句并体会第4自然段第一句的作用。

2. 默读第5～7自然段，说说太阳和我们的关系密切在哪里？根据学生回答，出示相关资料图片。

3. 出示最后一个自然段，齐读。再次体会太阳作用之大。

**板书设计**

太阳

特点 { 远<br>大　列数字　举例子作比较　打比方<br>热

**教学反思：**《太阳》是一篇说明文，作者运用了列数字、打比方、作比较等说明方法介绍了太阳的特点及太阳与人类的密切关系。教师在备课时依据教材特点和学情，通过深入研读教材，把本课的教学重点制定为：（1）整体把握课文内容，初步了解太阳的特点以及太阳和人类的密切关系，激发学生对自然科学的兴趣；（2）了解学习用列数字、作比较、举实例等方法来说明事物的写法，初步体会其表达效果，并能运用到习作中。

在教学中充分利用小组合作学习。小组合作学习是培养学生合作学习的能力与习惯、锻炼学生自学的能力、调动学生自主学习的主动性和获取知识的积极性的重要途径之一。在进行小组合作学习时要注意以下几点：（1）给学生充足的时间自读课文，独立思考。（2）小组合作的过程中，由一人主持，其他人各抒己见。避免有的学生完全不去主动思考，依赖别人给出的答案。在小组成员交流的过程中，学生的思维进行了激烈的碰撞。此时产生的思维的火花是可遇不可求的灵感闪现，是最宝贵的知识财富和精神财富。

教学本文涉及的说明方法时，教师采用由扶到放、循序渐进的方式来进行。列数字的说明方法较为简单易懂。教师从列数字的说明方法入手，让学生在文中找到运用这种说明方法的句子读一读，然后说一说自己读这些句子时的感受，在此基础上告诉学生这种说明方法的好处以及运用这种说明方法时需要注意的事项，即所涉及的数字一定要准确。在学生弄清楚了列数字的说明方法之后，通过大屏幕展示运用打比方和作比较等说明方法的句子，让学生先把句子读正确，而后在文中找一找这些句子，再联系课文内容读一读这些句子，说一说自己的感受，从而让学生从感性上认识这两种说明方法的好处。对于这两种说明方法，教师不做过深的讲解，只要求学生能够知道、了解，在阅读的时候能够找出并区分这两种说明方法，初步体会其表达效果即可。

常言说：教无定法，只要得法。作为语文老师，只有将接受式学习和自主探究式学习有机结合，才能达到事半功倍的效果。在学生接受新的知识时，给予学生适当的点拨或示范，让他们有较明确的学习方向，从而享受到学习成功的愉悦。

## 创情境巧激趣　学习方法练表达

### ——《小壁虎借尾巴》教学设计与反思

**学习目标：**1. 复习巩固本课生字、生词，感悟“游来游去、飞来飞去”等词语的特点，拓展练习积累类似的词语。2. 学习分角色朗读课文，读好人物心情变化时的不同语气，明白向别人借东西时要有礼貌。3. 朗读第 3 ～ 5 自然段，感悟构段方式，并学习运用这种句式练习说话。

**教学重难点：**1.学习分角色朗读课文，读好人物心情变化时的不同语气，明白向别人借东西时要有礼貌。2.学习第3～5自然段构段的方式，并练习仿说。

**教学过程：**

板块一：复习巩固，练习说“（　　）来（　　）去”。认读生字、词语，练习说“（　　）来（　　）去”“（　　）在（　　），（　　）来（　　）去”。

板块二：接读课文，整体感知。

小壁虎为什么借尾巴？怎样借尾巴？结果如何呢？指名接读课文，其他同学一边听一边思考：为什么借？怎样借？结果如何？

板块三：学习课文第1～5自然段，指导朗读。

（一）学习第1～2自然段。

小壁虎为什么借尾巴？指名说，引导学生用“因为……所以……”的表达方式，规范语言表达。指导朗读“没有尾巴多难看哪！”小壁虎现在的心情怎么样？谁还能用不同的语言形容自己的心情？读出你的感受。指导学生读好“！”。

（二）学习第3～5自然段

1.自由朗读第3自然段。小壁虎首先向谁借了尾巴呢？自己读一读第3自然段，边读边想一想：小壁虎爬到了哪里？看见了什么？说了什么？并画出相关词语或句子。板书：哪里、看见、说。

2.交流问题，随机指导朗读。指导朗读“小壁虎爬呀爬，爬到小河边”。小壁虎从墙角一直爬到小河边，爬了很长时间，它边爬边想——学生说。读出你的感受。（出示句子和图片。）

（1）指导朗读：“它看见小鱼摇着尾巴，在河里游来游去。”（出示句子和图片。）当小壁虎看见小鱼摇着尾巴，在河里游来游去，心情怎么样？（学生说，并读出自己的感受。）你心里想——学生说。这种感觉叫羡慕，读出你的感受。

（2）指导朗读小壁虎和小鱼的对话。（出示句子和图片。）小壁虎是怎么说的？谁来当小壁虎？（指名读小壁虎的话。）你觉得小壁虎有礼貌吗？从哪里看出来的？（指名说，并让其读出自己的理解。）教师指导："行吗？"要读出商量的语气，"借给我"和"行吗"之间要停顿一下，要让别人想一想要不要借给你。还有，向别人借东西时，声音不能太高也不能太低。教师范读，学生自由练习读。

（3）小鱼借给它了吗？它是怎么说的？谁来当小鱼？（指名读。）小鱼你觉得小壁虎可怜吗？有礼貌吗？（指名说。）你不能帮助它，心里什么感觉？（顺势引导学生认识"遗憾""抱歉"这种感情。）读出你的遗憾（抱歉）。

3. 分角色朗读第3自然段。现在请你为这幅画面配音你愿意吗？（出示图片）请同学示范朗读，学生自主评价，教师评价引导。

4. 小组合作读第4～5自然段。（出示两幅图片）教师分派角色，每个小组共四人，一号读旁白，二号当小壁虎，三号当老牛，四号当燕子。自由练习给图画配音。请两组分别展示配音，学生比较评价，教师补充评价。

板块四：朗读第3～5自然段，感悟其构段方式，并练习仿说。

1. 小壁虎借到尾巴了吗？为什么？补充资料：不同动物的尾巴都有自己的功能。请同学说一说你所知道的动物尾巴的作用。屏幕出示其他动物尾巴的作用。

2. 练习仿说。出示：小壁虎爬呀爬，爬到（　　）。它看见（　　）。小壁虎说："（　　）？"（　　）说："（　　）。"

3. 当小导演改编这个故事。学生自由练习，和相邻的同学说说自己的想法。展示、交流、评价。

板块五：学习第6～7自然段。

（出示图片）边看边思考：小壁虎借不到尾巴，心情怎么样？（出示句子，教师引读第6自然段。）（出示图片）再看看见到妈妈后小壁虎的心情有什么变化？（学生说。）妈妈说了什么？出示妈妈的话，齐读。“小壁虎高兴地叫了起来——”出示小壁虎的话，指名读，注意“！”。你觉得还可以用什么词语来形容它此刻的心情？指名说，读出自己的感受。

板块六：总结，布置作业。

1. 总结并板书：挣断、再生。

2. 布置作业（二选一）。作业一：试着把你改编的《小壁虎借尾巴》的故事讲给爸爸妈妈听。作业二：向别人借一件自己需要却没有的东西，并和同学说一说你借东西的经过。

**板书设计**

小壁虎借尾巴

挣断　再生

**教学反思：**《小壁虎借尾巴》是一年级下册第四组教材中的最后一篇课文。结合单元导语“夏天就要到了。夏天里，会发生哪些有趣的事呢？”教师在解读教材时，将其定位成“叙事性童话”，可以有效地指导教学设计。在指导学生整体感知课文时，教师在板书了“为什么？怎样借？结果如何？”之后，让学生接读课文，使学生在了解课文内容的同时，对课文的写作思路也能有所感知，为学生进入中高段的语文学习奠定基础。

教学中，环环相扣，始终贯彻“教学设计为学情服务”的理念，真正做到“以学生为主”。在指导学生朗读时，教师借助课文插图帮助其理解课文内容，丰富阅读感受。根据教材内容创设情境，引导学生把自己当成故事中的人物，体会他们的心情变化。这有效地延长了学生集中注意力的时间，调动了他们朗读的积极性。学生读得声情并茂，在读“小壁虎爬呀爬”时，有的学生还不自觉地加上了动作。

在指导朗读第3自然段前，教师设计了这样的板书：“地方”“看见”“说”，来引导学生感悟第3～5自然段的构段方式，不是单纯地为读而读，并在补充“其他动物尾巴作用”的图文资料之后，放手让学生在课件的引导下进行说话练习。这样，“有条理地口头表达一段话”就有了梯度，为学生在课堂上愿说、敢说、会说保驾护航。

语文学习的资源无处不在，无时不有。所以，教师根据教材内容及学生的实际，布置了相关作业，让学生“向别人借一件自己需要却没有的东西，并和同学说一说你借东西的经过”。把语文学习从课本延伸到生活，落实语言实践，拓展语文学习的途径，在开放中丰富教学资源，在实践中提高学生的语言运用能力。

# 方法指导

俗话说，授人以鱼不如授人以渔。最有价值的知识是关于方法的知识，最有效的语文教学不是指导学生理解分析课文内容，感悟解读文章的中心思想，而是教会学生学习语文的方法。掌握学习方法远比理解课文内容更重要，学生一旦掌握了正确的学习语文的方法，就好比找到了一把打开知识宝库的钥匙，能够举一反三，获得自主学习的能力。通过自主学习，学生能够不断地获取、更新知识，具备可持续发展的语文能力。因此，给学生提供掌握、读懂、理解课文内容的学习方法，才是授人以渔，可以为学生语文素养的发展提供帮助。

在教学中，教师不仅要指导学生体会文本的表达方法，更重要的是要对学习方法进行具体、细化的指导，让学生明白作者是怎样运用这些方法把课文表达清楚的，知其然，还要知其所以然。

在阅读教学中，体会文章写法的目的是指导学生运用。运用写作方法的难度，远远超过对写作方法的理解。因此，在语文课堂教学中，教师要鼓励学生进行亲身实践，让学生在具体的语言环境中迁移运用写作方法。

无论是语文知识教学还是语文方法教学，教师都应该按照学生的认知规律展开教学。无论是比较简单的语文知识的学习，还是比较复杂的阅读方法的学习，教师都要给学生留足充分的时间进行实践练习，体现语文课程实践性的特点，提升语文教学的效率。

# 诵读品精巧　想象悟精美

## ——《白鹭》教学设计与反思

**学习目标：**1. 会认6个生字。2. 正确、流利、有感情地朗读课文，背诵课文第2、3、5段。3. 在朗读中感受白鹭精巧的外形美。4. 小组合作学习，想象作者描绘的画面，体会白鹭是一首韵在骨子里的散文诗，感受作者对白鹭的喜爱之情。

**教学重难点：**1. 正确、流利、有感情地朗读课文，背诵课文第2、3、5段。2. 在朗读中感受白鹭精巧的外形美。3. 小组合作学习，想象作者描绘的画面，体会白鹭是一首韵在骨子里的散文诗，感受作者对白鹭的喜爱之情。

**教学过程：**

一、导入。

出示与白鹭有关的诗句，齐读，感受诗的美。

二、板书课题，齐读。

三、初读。

1. 自由朗读课文，要求：读准字音，读通句子。思考：课文哪里提到了白鹭是诗？画出相关的语句。

2. 检查生字词。

3. 出示句子，齐读：“白鹭是一首精巧的诗。”

“白鹭实在是一首诗，一首韵在骨子里的散文诗。”

四、精读课文。

（一）品悟精巧外形美

1. 朗读课文第1～5自然段，思考：从哪里能够体会到“白鹭是一首精巧的诗”？画出相关语句。

2. 交流。“色素的配合，身段的大小，一切都很适宜。”从哪里能够看出白鹭的精巧？色素的配合很适宜，身段的大小很适宜……读出你的感受。还有哪个句子让你感受到了“一切都很适宜”的精巧？“白鹤太大而嫌生硬，即使如粉红的朱鹭或灰色的苍鹭，也觉得大了一些，而且太不寻常了。”正是有了白鹤、朱鹭、苍鹭的对比，才衬托出白鹭“一切都很适宜”，让人觉得精巧。再读读这个句子。

出示第5自然段：“那雪白的蓑毛，那全身的流线型结构，那铁色的长喙，那青色的脚，增之一分则嫌长，减之一分则嫌短，素之一忽则嫌白，黛之一忽则嫌黑。”再读这个句子，从哪里能感受到白鹭的精巧？（1）全身的流线型结构。（2）雪白的蓑毛，铁色的长喙，青色的脚。（3）两组反义词“增-减”“素-黛”。（4）两个“一分”，两个“一忽”。这写法模仿的是战国时期楚国文学家宋玉的《登徒子好色赋》里对一位绝代佳人、美丽女子的描写，读一读，谈谈感受：东家之子，增之一分则太长，减之一分则太短；著粉则太白，施朱则太赤。

同学们不仅读懂了白鹭的精巧，也读懂了文章的精巧。寥寥数笔，作者就写出了白鹭因常见而被人忘却的美。白鹭是一首精巧的诗，作者的文字也如诗一般精巧。以诗的形式出示第1、2、5自然段，自由练习读，指名配乐读，熟读成诵。

（二）感悟生活画面美

白鹭是一首精巧的诗，而这首精巧的诗还蕴藏在一幅幅画面中，小组合作学习第6～8自然段。

1. 要求：

朗读：大声朗读，读出画面美。

想象：发挥想象，说说你看到了怎样的画面。

写作：为画面起一个名字，写在卡纸上。

2. 交流：评选最美的标题；朗读并说出想象的画面。

通读全文，感受白鹭诗一样的精巧美，感受作者诗一样的文字美。

五、作业。

选择自己喜欢的段落，抄写下来。

**板书设计**

白鹭

品悟精巧外形美

感悟生活画面美

**教学反思：**《白鹭》是郭沫若先生的一篇优美的散文，为我们描绘了一个美丽、可爱、高雅、脱俗的生灵。白鹭，一种普普通通的鸟，经过郭沫若这位大作家寥寥数笔的描摹，而显得那么动人，那么栩栩如生。在作家的笔下，“白鹭是一首诗”“白鹭实在是一首诗”“一首韵在骨子里的散文诗”。虽然这首韵在骨子里的散文诗没有浓妆淡抹的辞藻，显得那样的朴实无华，但也正是运用了如同白鹭一般朴素的句子，才让我们感受到了平常事物中蕴含的美。作者撷取了三个画面，表现白鹭与众不同的美，无论是站在清水中央，还是立于小树之巅，抑或是低飞于黄昏之下，都能让人联想起一首首美好的诗歌。

在教学过程中，教师首先抓住“白鹭是一首精巧的诗”这一句子，让学生自读，并从课文第2～5自然段中找出描写精巧的句子，再结合具体的句段，通过各种不同形式的朗读感受白鹭的精巧，直到熟读成诵，积累学生的语言，发展学生的思维。

第6～8自然段撷取了三个非常富有诗意的画面，赞美了白鹭的悠然脱俗。这一部分采用先扶后放的方式，让同学为画面起一个有诗韵的名字。其中，第6自然段的教学是教师指导学生为图画命名，总结方法，学以致用。第7～8自然段则是让学生选择自己喜欢的一个段落，小组合作起名字，读出画面美。

《白鹭》是一篇非常优美的散文诗，在教学过程中，教师要注重学生的朗读。通过朗读，感受语言美、意境美，激发学生对美的感受，从而使学生达到对课文内容的理解和对作者思想情感的把握。

# 读中明思路　说中悟机智

——《跳水》教学设计与反思

**学习目标：**1. 会认本课生字，掌握本课词语。2. 能梳理故事的起因、经过和结果，并以此为线索讲述故事内容。3. 能说出水手们的"笑"对推动故事情节发展的作用。4. 能说出船长所用办法的好处。

**教学重点：**抓住船上人与猴子的联系，理解课文内容。

**教学难点：**体会船长联系周围环境采取最有效的办法救孩子的思维过程。

**教学过程：**

一、谈话导入。

1. 同学们，我们学了《自相矛盾》和《田忌赛马》，了解了人们遇到问题时，通过观察发现问题并解决问题的思维过程。今天，我们学习第17课《跳水》，看看这个故事又会给我们怎样的启示。

2. 板书课题，齐读课题。

3. 介绍作者。

二、检查预习。

1. 出示生词，指名读，齐读。根据词语说出故事中的主要人物。默读课文，理清文章脉络，想想人物之间的联系以及故事的起因、经过和结果，把下面的内容填写完整，再讲讲这个故事。

水手拿猴子取乐（　　）（　　）

2. 指名说一说，相机指导。

3. 按照故事的起因、经过、结果，同位之间讲讲这个故事的主要内容。

三、品读课文，了解情节发展的原因。

1. 孩子为什么会一步步爬上桅杆的顶端，将自己置身于危险之地？（猴子的戏弄。）自读课文1～4自然段，找出描写猴子表现的句子，师生合作朗读。

2. 孩子只是因为猴子而生气吗？（水手的“笑”。）快速浏览课文，找出描写水手笑的句子。读一读这些句子，你觉得水手的笑与孩子和猴子的表现有什么关系吗？师生朗读。

3. 总结：水手们越笑越欢，而孩子呢？（越来越生气。）

4. 师生解读第四自然段中描写猴子和孩子表现的句子。配乐朗读，体会孩子所处的危险境地。指导有感情地朗读，体会孩子所遇情况之危急。

四、学习课文第五自然段，了解船长办法的好处。

1. 在这千钧一发之际，船长是怎么做的？找出描写船长动作、语言的句子，猜一猜当时他是怎么想的？做批注。交流、指导朗读。

2. 思考：船长用枪逼着孩子这个办法好吗？他就不怕孩子

一害怕掉下来吗？

3. 你觉得这是个怎样的船长？带着你的体会再来读一读第五自然段。

五、体会人物的思维过程。

联系《田忌赛马》中孙膑的思维过程，说一说船长的思维过程。

六、作业。

拓展阅读列夫·托尔斯泰的短篇小说《鲨鱼》，了解人物的思维过程，体会人物的勇敢机智。

**板书设计**

17 跳水

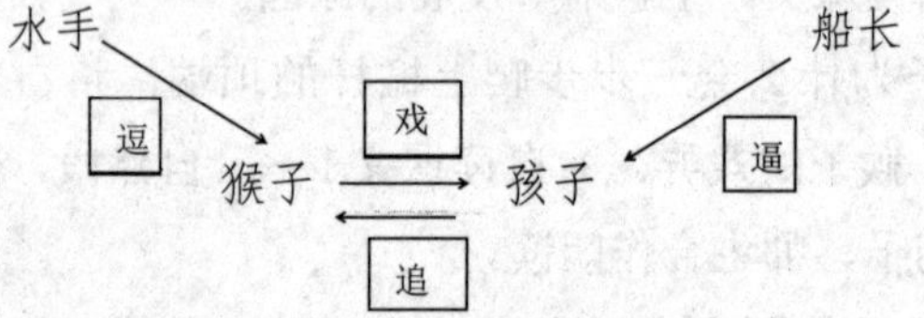


**教学反思：** 在备课时，教师要重视学习的主体——学生的学习基础、学习习惯以及学习特点，结合学情来研究如何落实好学习目标。尤其是在落实第二个学习目标时，教师为了降低学生的概括难度，让学生抓住故事的起因、经过、结果对文章内容进行概括，引导学生先摘出故事中的主要人物，由主要人物之间的联系来简单概括故事的起因、经过、结果，然后再串联起来讲讲这个故事。为了达成这个目标，教师让同位互相说给对方听，然后找同学展示，对学生学习结果进行检测。

以读代讲，教师采用自由读、同位合作读、师生合作读等多种形式，带领学生在不同形式的朗读中走进故事情节，感悟人物的情感。课堂是学生学习的天地，要设计适合孩子学习的教学环节和教学策略，让课堂学习真实发生。

教师要充分考虑学生的学习特点和教材的学习目标，努力找到学生学习与教材内容的契合点，设计合理的教学环节，引导学生一步步完成学习目标。

## 梳理人物对话　借表格学复述

——《慢性子裁缝和急性子顾客》教学设计与反思

**学习目标：** 1. 认识“箱、夸”等10个生字，读准多音字“缝、夹”，学写生字“卷”。2. 分角色朗读课文，读出裁缝和顾客对话时的语气，抓住关键词句体会人物的性格特点。3. 默读课文，从文中提取有关顾客要求和裁缝反应的信息，借助表格复述故事。

**教学重难点：** 抓住关键词句体会人物的性格特点。从文中提取有关顾客要求和裁缝反应的信息，借助表格复述故事。

**教学过程：**

一、谈话导入，揭题激趣。

1. 同学们喜欢读故事吗？今天我们一起学习一个有趣的故事《慢性子裁缝和急性子顾客》，板书课题。

2. 找一个同学朗读，指导裁缝读音，学习多音字“缝”。

二、初读课文，理清叙述顺序。

1. 出示学习要求：自由朗读课文，读准字音，读通句子，遇到不认识的字，可以借助拼音多读几遍。思考：故事是按照什么顺序发展的。

2. 学习多音字“夹”。出示课文中两个带“夹”的句子，借助字典了解意思，读准字音。

3. 学习写“卷”。仔细观察，要把这个字写正确美观需要注意哪些地方？指导：点撇呼应，两横上短下长，长撇在竖中线上起笔，撇捺要舒展，盖住下面。请同学们在作业本上认认真真地写两个“卷”，争取一个比一个写得好，提醒大家，一定要注意写字姿势。

4. 交流故事发展的顺序，用表示时间的词语来分清文章的层次。

三、深入课文，感知性格，复述故事。

1. 填写表格。默读课文，边读边圈画出急性子顾客这几天提出了哪些要求？慢性子裁缝又是怎么应对的？将提取到的主要信息填写到课后题的表格中。

2. 学习第一天的故事。

（1）分角色朗读课文，抓住关键语句，指导读好慢性子裁缝和急性子顾客的语气。

（2）复述第一天的故事，复述前先学习句子转述，讲授复述的方法：用自己的话讲故事，借助表格，抓住关键语句按一定的顺序来复述。

3. 小组合作学习第二、第三、第四天的故事。

（1）总结学习第一天故事的方法。

（2）小组合作，要求：运用刚才学到的方法，自由选择第二、第三或第四天的故事，分角色朗读，提炼关键词，用自己的话复述故事。

4. 编故事，想一想，如果裁缝和顾客的性子换一换，他们之间又会发生什么有趣的故事呢？请大家开动脑筋创编故事吧！

四、作业。

课后把《慢性子裁缝和急性子顾客》这个有趣的故事复述给

父母听。

**板书设计**

慢性子裁缝和急性子顾客

三家、等不及、明年冬天、跳、夹、美观大方

**教学反思：**《慢性子裁缝和急性子顾客》是三年级下册第八单元的第一篇课文，课文较长，在体会两个主人公的人物性格特点时，应该以表格为抓手，梳理出两个人物的四次对话。通过分角色等多种形式的朗读，学生能够在读中体会故事的有趣，同时也为后面的复述做好铺垫。

对于三年级的孩子来说，第一次复述整篇课文时，部分同学会出现“我不会”或者无法完整复述的情况。在复述伊始，教师应该明确告诉学生：“复述就是用自己的话讲故事。”并且为学生创造合适的语境：“在冬天，裁缝店走进一位顾客，他说想做一件新棉袄……”和学生一起提取出第一天故事中的关键词，并写到黑板上，如“三家、等不及、明年冬天、跳、夹、美观大方”，降低复述的难度。评价时，教师也应该在学生用自己的语言复述故事时给予表扬，树立学生学习复述的自信。

# 串联标题习概括

——《小英雄雨来（节选）》教学设计与反思

**学习目标：**1. 认识“晋、絮”等13个生字，会分辨“吧、塞、哇”3个多音字，会写“晋、区”等18个字，正确读写“芦花、发愣”等12个词语。2. 用较快的速度默读课文，了解雨来被称为“小英雄”的原因。3. 用列小标题的方式把握课文的主

要内容。4. 体会还乡河景色描写的作用。

**教学重难点：**用较快的速度默读课文，了解雨来被称为“小英雄”的原因。用列小标题的方式把握课文的主要内容。体会还乡河景色描写的作用。

**教学过程：**

（一）导入课题，指导方法。

1. 直接导入，板书课题。

2. 质疑题目，提出问题。（预设：为什么说雨来是小英雄？）

3. 了解课文，导入方法。引导学生发现课文的不同之处。（很长，分为好几个部分，有序号。）借助泡泡语指导学生读长课文的方法。（前后联系，边读边想。）

（二）初读课文，学习字词。

1. 初读课文，时间3分钟，教师巡视查看学生进度。

2. 检查字词（一组拟声词，一组易错词语）。

3. 指导书写“脊”。（笔顺先两边后中间，人字要舒展开，竖月要写直。）

（三）列小标题，初步把握课文内容。

1. 边读边想，说一说第一部分讲了什么内容？指名学生说一说，引导学生概括第一部分的内容并逐步精简，形成小标题。

2. 学生尝试用这种方法概括第二部分的内容并列出小标题。

3. 小组合作，自主讨论第3～6部分，列出小标题。四人小组交流讨论；全班交流，教师相机点评指导。

4. 引导学生把小标题串联起来，概括课文主要内容。

（四）深入研读，感受雨来的“英雄”形象。

1. 引导学生找出最能表现雨来是小英雄的那一部分进行深入阅读。

2. 全班交流：从哪些地方可以感受到雨来是个小英雄？

3. 引导学生有感情地朗读画出来的关键句。请同学们再读一遍，读出雨来的机智（勇敢、坚强、爱国之心）。

4. 借助比喻句和动词体会敌人的凶狠，感受雨来的坚强不屈与爱国信念。

5. 如此机智勇敢、坚定不屈、热爱祖国，雨来可真是个名副其实的小英雄啊！让我们再次齐读课题。学生齐读课题：小英雄雨来。

（五）细读景色描写，体会作用。

1. 课文中多次写到还乡河的景色，请同学们找出来读一读，想一想：这些景色描写有什么作用？

2. 学生自由读课文，找出相关语句。

3. 全班交流：大家找出了几处景物描写？在哪里？

4. 读一读，说感受。结合课文内容体会景物描写的作用。

5. 指导有感情地朗读。

（六）总结全课，拓展延伸。

1. 总结本课学习内容和收获。

2. 拓展阅读《小英雄雨来》一书中的其他精彩情节，练习巩固阅读方法。

3. 推荐：对管桦的中篇小说《小英雄雨来》进行整本书阅读。

**板书设计**

小英雄雨来（节选）

游泳本领高、雨来上夜校

掩护李大叔、与鬼子斗争

有志不在年高、雨来没有死

**教学反思：**《小英雄雨来（节选）》是四年级下册第六单元的

第二篇课文。本单元以“成长”为人文主题，展示了不同时代少年儿童成长的故事，其语文要素是“学习把握长文章的主要内容”。

本文节选自作家管桦的中篇小说《小英雄雨来》，是这本小说的开头，主要介绍了小雨来的个人情况及雨来因掩护交通员李大叔被抓，与鬼子作斗争并从鬼子枪下机智逃脱的故事。这是迄今为止学生学习的最长的一篇课文。本课的第一个教学重点和难点是“用串联小标题的方法把握本文的主要内容”。四年级上册分别学习了“了解故事的起因、经过、结果，学习把握文章的主要内容”和“关注主要人物和事件，学习把握文章的主要内容”两种把握文章内容的方法，这节课主要是把长文章划分成小部分，用“关注主要人物和事件”的方法把握每一部分的内容，起小标题，再用“了解故事的起因、经过、结果”的方法梳理小标题之间的关系，进而合理串联起六个小标题来把握全文的主要内容。

在教学设计和实施过程中，教师要引导学生梳理各部分的内容，为其起小标题，回顾“关注主要人物和事件”的方法，使学生都能较好地概括各部分内容并给出简洁准确的小标题；尝试串联小标题复述故事内容，理清它们之间的关系，不只是从字面上把标题连起来，更要按照逻辑关系合理串联，让学生明白各部分之间的因果关系。

本课第二个教学重点是了解雨来被称为“小英雄”的原因（感受不同时代儿童成长的故事，体会人物的特点和品质）。在进行这一部分的教学设计时，教师让学生从人物的动作、语言、神态描写中，体会雨来的机智勇敢、坚强不屈。教学活动则集中在朗读上，让学生找出描写人物的语句，反复朗读体会，聚焦关键词句，读出词句的感情，进而读出文章的感情。

# 巧用路线图 学习复述

## ——《在牛肚子里旅行》教学设计与反思

**学习目标：**1. 正确认读“咱们、偷偷、悲哀、吞咽、胃管、细嚼慢咽、笑眯眯”等生词；学习多音字“答、应、骨”；正确书写“旅”。2. 分角色朗读课文，读出红头由害怕到绝望又到感激和青头从着急到镇定的心情变化。3. 练习默读课文，粗知文章大意。4. 初步了解“反刍”这一自然现象，培养学生对科学童话的兴趣。5. 借助路线图和文中的关键词句复述故事。

**教学重难点：**1. 分角色朗读课文，读出红头由害怕到绝望又到感激和青头从着急到镇定的心情变化。2. 借助路线图和文中的关键词句复述故事。

**教学过程：**

一、导入，学习书写“旅”字。

1. 谈话揭示课题，齐读课题。

2. 板书课题，学习书写“旅”。

二、初读课文。

自学生字词，把课文读正确、读流利。学生自由朗读课文。

1. 要求：

（1）大声朗读课文，边读边标出自然段序号。

（2）读准字音，读通句子。

2. 检查自读情况。

三、再读课文，粗知故事大意。

1. 默读课文，边读边思考：谁在牛肚子里旅行？它是怎样进入牛肚子里的？它在牛肚子里怎样旅行？

2. 借助老师提供的词语，说一说故事大意。

四、分角色朗读课文，体会人物心情，感悟友情。

1. 快速默读课文，找一找从哪里可以看出青头和红头是“非常要好的朋友”？找到后画出来，最少画三处。

2. 交流感受，分角色朗读，感悟友情。

五、摆路线图，认识反刍。

1. 指名同学上台摆路线图，教师随即介绍什么是反刍，指出这种包裹着科学知识的童话叫科学童话。

2. 推荐阅读《神奇校车》。

六、借助路线图练习复述故事。

**板书设计**

牛肚子里的旅行

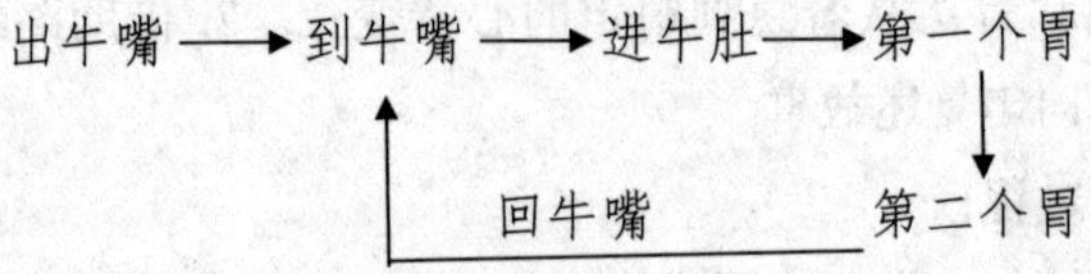


**教学反思：**《在牛肚子里旅行》是一篇有趣的科普小品文。文章通过两只小蟋蟀玩捉迷藏，其中一只叫“红头”的蟋蟀不幸误入牛肚子，在牛肚子里进行了一次惊险的“旅行”，最后侥幸逃脱的危险经历，向学生介绍了一个科学小知识：牛有四个胃，吃食时具有反刍现象。

本文篇幅较长，但情节生动有趣，语言活泼，内容充满童趣，红头在牛肚子里旅行的过程，为学生提供了很好的发散思维的空间和表达的机会。文章包含丰富的科学知识，将有关动物生理学上的知识讲得有声有色、通俗易懂。课程改革的主阵地是课堂，教师在课堂上应把握发散性思维训练的度，根据语言文字材料的具体情况，适时地发散，适时地集中，只有这样，学生才能充分掌握语言文字的内涵。

想象是创新的前提，也是开启阅读之门的金钥匙。文中有关红头在牛肚子里旅行的过程，为学生提供了良好的想象空间和表达机会。因此，教师在课堂上要引导学生仔细品读相关语句，想象自己就是红头，在想象中朗读，在朗读中体验红头的情感，借助填空题想象红头会遇到哪些危险，又会有怎样的感受，为学生搭建表达的平台，学生在角色互换中能更深刻地感受到红头的危险遭遇。

在了解了红头的遭遇后，教师让学生仔细品读描写青头的句子，并谈谈自己的感受。在交流过程中，进一步引导学生抓住重点词、句，深入体会文字传达的情感，让学生在深入理解的基础上，进行多种形式的朗读，在朗读中感悟、在朗读中体验。在学生熟练朗读的基础上，结合板书设计，借助路线图，引导学生练习复述故事，学习文章的表达方法，并做到学以致用。

课程接近尾声，教师提出问题：青头凭借什么解救了红头？学生各抒己见，滔滔不绝，感受青头临危不惧，对朋友充满真挚的情感，并且能灵活运用知识救出朋友。为了达成情感目标，教师要联系学生的生活经验和情感体验，让学生在潜移默化中受到文本人文思想的熏陶，自然而然地达到文道结合，可谓“水到渠成”。

# 运用描写方法把事情写清楚

## ——《麻雀》教学设计与反思

**学习目标：** 1. 认识本课中的生词，学会写“躯”。2. 明白课文围绕麻雀说了一件什么事，明确故事的起因、经过、结果。3. 了解作者是怎样把老麻雀拯救幼儿的经过写清楚的，并学习运用这种方法。

**教学重难点：** 了解作者是怎样把老麻雀拯救幼儿的经过写清楚的，并学习运用这种方法。

**教学过程：**

一、谈话导入。

1. 出示猎狗和麻雀的图片，学生结合生活说说两者在体型方面的特点？（猎狗——庞大；麻雀——弱小。）图片可以直观地表现出两种动物的体型差异，使学生更容易进入课文情境中，体会弱小的麻雀遇到庞大的猎狗时紧张、无助的心情。

2. 如果有一天它们相遇了，会发生什么？俄国作家屠格涅夫目睹了它们相遇的一幕，并清楚地记录了下来。今天，我们一起学习第16课《麻雀》。板书课题，齐读课题。

二、检查字词。

1. 出示生词，指名读，齐读。

2. 指导书写“躯”，学生练写，教师相机点评。

3. 理解“无可奈何”。理解该词语可提前渗透麻雀的无助，与后文中猎狗的凶恶形成鲜明的对比，从而更容易让学生体会到当时紧张的氛围。

三、学习课文。

1. 概括课文大意。默读课文，说说课文围绕麻雀讲了一件什么事？借助思维导图，帮助学生清晰地梳理出课文内容，让学生明确事情的起因、经过、结果。

板书：攻击——保护——吓退（起因、经过、结果）。按照这样的顺序试着概括课文内容，既清晰又完整。

2. 细读课文，说说作者看到一只什么样的猎狗？标画出文中的词句。出示句子，指导朗读。关键词标红、重读。读课文时，先让学生自己读，并说说为什么这样读。让学生在读中体会猎狗的凶恶，必要时，教师示范读。

3. 这样一只凶恶的猎狗，在故事的最后却发生了变化。大家找找发生了什么变化？出示相关句子。

4. 仔细阅读课文第4～5自然段，找出描写老麻雀的句子，多读几遍。说说你感受到了老麻雀什么样的心情？学生标词语，做批注。汇报交流，出示句子。

“突然，一只老麻雀从一棵树上飞下来，像一块石头似的落在猎狗面前。它扎挲起全身的羽毛，绝望地尖叫着。”

“老麻雀用自己的身躯掩护着小麻雀，想拯救自己的幼儿。可是因为紧张，它浑身发抖，发出嘶哑的声音，准备着一场搏斗。在它看来，猎狗是个多么庞大的怪物啊！”

5. 作者看到了老麻雀哪些动作？听到了老麻雀什么声音？从而想到了什么？标出表示老麻雀动作的词：飞、落、扎挲、尖叫、发抖等。老麻雀是怎么飞的？为什么像一块石头似的落下来？体现了老麻雀保护小麻雀的急切心情。请同学们读出老麻雀的急切。除了急切，这些动词还体现了老麻雀什么样的心情？紧张、害怕……读出自己的体会。理解扎挲，深化老麻雀此时紧张的心情，以此衬托后文老麻雀的无畏，指导朗读。此时，老麻雀是怎么想的？它认为猎狗怎么样？在课文的空白处写一写。

6. 面对“强大的力量”，猎狗（退缩）了，作者是怎么样把猎狗的退缩写清楚的？出示第6自然段，理解“强大的力量”和“这么大的勇气”指的就是母爱。

7. 回顾全文：作者是怎样把这一部分内容写清楚的？（作者把看到的、听到的、想到的内容写了下来。）看——飞下来、挓挲羽毛、发抖；听——绝望的尖叫、嘶哑的声音；想——庞大的怪物。点明神态描写、动作描写。

板书：看、听、想→写清楚

四、课堂小结。

按照事情起因、经过、结果的顺序，把看到的、听到的、想到的内容写下来，就能把事情写清楚。

五、拓展练笔。

播放小视频《教室的掌声》。你有没有过视频中类似的经历？请你写下来，尽量做到叙述清楚、明白。

**板书设计**

麻雀

攻击——保护——吓退

起因　经过　结果

看、听、想→写清楚

**教学反思：**《麻雀》是俄国著名作家屠格涅夫的一篇文学作品的片段，记叙了一只老麻雀在庞大的猎狗面前奋不顾身地保护小麻雀，使小麻雀免受伤害的动人故事。全文不足四百字，但却把事情的起因、经过、结果交代得十分清楚，且叙述生动，扣人心弦。本单元是习作单元，语文要素是“了解作者是怎样把事情写清楚的”，习作要求是“写一件事，把事情写清楚”。所以，在进行《麻雀》这一课的教学设计时，教师将单元目标作为总体目标，结合课后题以及交流平台制定本课学习目标。

在教学过程中，教师引导学生梳理课文内容，并按照顺序找出事情的起因、经过和结果，重点指导学生明白作者是怎样把老麻雀的无畏和猎狗的攻击与退缩写清楚的，让学生体会到抓住动作、神态、心理的描写方法并学会迁移运用。这一部分是重点也是难点。在梳理课文内容时，教师可以借助思维导图，为学生搭建支架。

依据课程目标，结合学情，《麻雀》这一课的重点是让学生体会到运用动作、神态、心理等描写方法可以将一件事情写清楚。所以，教师在进行教学设计时，把重点放在了课文的4、5两个自然段，并结合课文中的两幅插图，通过对老麻雀动作、神态、心理的解读，将当时的情景再现在学生眼前，从而让学生学描写方法、用描写方法。

在本课教学中，教师引导学生朗读描写老麻雀和猎狗动作、神态的语句，以及作者看到的画面、听到的声音、展开的联想，感受老麻雀的勇敢无畏，进而总结写作方法，让学生感受到语言文字的魅力。同时，结合文章的语言表达特点，拓展相关的小视频，让学生观察并进行小练笔，真正实现“一课一得”，落实语言文字的运用。

# 品味重点词句　表达思乡之情

——《桂花雨》教学设计与反思

**学习目标：** 1. 认识“箩、杭”2个生字；会写“桂、懂”等10个字；会写“桂花、懂得”等4个词语。2. 有感情地朗读课文，说出桂花给作者带来的回忆。3. 借助相关语句和资料，体会作者借桂花表达的感情。

**教学重难点：**有感情地朗读课文，体悟文章运用的对比手法。抓住“浸”字，借助相关语句和资料，体会作者借桂花表达的感情。

**教学过程：**

一、谈话导入。

同学们，你们见过桂花吗？桂花给你们留下了什么样的印象？大家看，像这样，小小的，或黄或白的花，就叫作桂花。桂花香气浓郁，每到金秋时节，桂子飘香，它的香气不仅弥漫了大街小巷，同时也溢满了作家琦君的童年生活。这节课，让我们跟随作者一起来欣赏一场美丽的桂花雨。

二、学习生字“箩”。

每到桂花盛开的季节，母亲总是要收获好几“箩”的桂花：

1. 同学们，通过预习已经认识“箩”这个字的举手。见过“箩”吗？

2.（出示图片）大家来看这幅图片，你们来猜猜，“箩”最初是用来干什么的？——是的，箩最初就是用来捕鸟的。

3. 同学们，找出“箩”出现在课文中的第几段。谁来为大家读一读？请大家联系上下文猜一猜，“箩”现在是用来做什么的？你们看，像这样的用竹子编成的，用来盛东西的器物就叫作“箩”。

总结：遇到不懂的生字词，我们可以把它放到文中的句子里，再联系上下文，这样就可以明白它的意思了。

三、初读课文，整体感知。

1. 请大家静静地读课文，一会儿我们请同学分享，课文中哪些地方打动了你，或者给你留下了深刻印象。可以在旁边写写你的感受。请同学跟大家分享。（板书：桂花香　摇花乐　思乡情。）

2. 同学们，刚才大家的发言都是对文本内容的解读，那么这篇课文在写作方法上有什么特别之处呢？

3. 这篇课文是一篇散文。在散文这种文体中，作者经常会采用借景抒情、借事写情的手法。（板书：景、事、情。）这节课，我们就一起探讨，作者是怎样通过景、事来表达自己的情的呢？

四、品味“桂花香”。

（一）对比手法。

刚才，很多同学都提到了桂花的香气给他留下了深刻印象。桂花香气迷人，可是桂花的样子并不那么招人喜欢。（出示课件。）

1. 指名学生读：桂花树的样子笨笨的，不像梅树那样有姿态。不开花时，只见到满树的叶子；开花时，仔细地在树丛里寻找，才能看到那些小花。可是桂花的香气，太迷人了。这里用了什么手法？——对比。

2. 作者说桂花的香气太迷人了，那桂花的香气到底是怎样的呢？默读课文，画出文中所有描写桂花“香”的句子。在旁边写写你的感受。谁来读读你找到的句子？说说你的感受。

（二）浸。

1. 刚才有两个同学关注到了这两个句子，出示：

桂花盛开的时候，不说香飘十里，至少前后十几家邻居，没有不浸在桂花香里的。

全年，整个村子都浸在桂花的香气里。

2. 这两个句子都带着一个什么字？浸。指名读：谁来读一读？会学习的孩子，在预习的时候，一定会查一查“浸”字的意思，谁查了？“浸”字在字典中有两个意思，你觉得在本文中应该是哪个意思？

3. 指名读第一、二两句。在第一句中，你读出了什么？——桂花开时，香飘十里。在第二句中，你又读出了什么？桂花摇落了可以做什么？——泡茶、做糕饼。从“全年，整个村子”中，你读出了什么？“全年，整个村子”都浸在桂花里，是说桂花已经摆脱了四季的束缚，不仅香在人们的生活里，更香在人们的心里！一个“浸”字足以让我们读出作者浓浓的思乡情。

4. “浸”字的含义，你们理解了吗？老师要来考考大家，你们看这两个句子。出示句子。

（1）指名读：学生读第一句，教师读第二句。

（2）小组讨论：从这两句话的“浸”字中，你又读出了什么呢？“清香、醇香、浓香”，一个比一个香，一个比一个浓，香得无法用语言形容，只好说整个村子都沉浸在香海里了。只理解了这个“浸”还不够，请你用“浸”造个句子。一个“浸”字真是韵味无穷。我们在平时写作文的时候，如果能用上像“浸”这样的字，一定会起到“画龙点睛”的作用。这句话里还藏着一个要求大家会认的字——“杭”，谁能用它组个词？出示俗语：“上有天堂，下有苏杭”，齐读。

五、质疑问难。

“这里的桂花再香，也比不上家乡院子里的桂花。”在课文的第七自然段，作者也写到了桂花香。“读书贵有疑，小疑则小进，大疑则大进。”谁能自己提一个问题呢？

1. 指名说：为什么母亲说“这里的桂花再香，也比不上家乡院子里的桂花”？这里指的是哪里？——杭州。作者的家乡在浙江温州，初中的时候全家搬到了杭州，从此再也没有回去过。杭州的满觉陇因桂花而闻名，每年秋天，桂花盛开，香满空山，落英如雨，故有“满陇桂雨”之美誉。杭州的桂花是名副其实、远近闻名的。为什么母亲却说“这里的桂花再香，也比不上家乡院子里的桂花”？把杭州的桂花和家乡的桂花作比较，这是一种什么手法？对比。在这种对比中，你读出了什么？

2. 总结：作者通过对比的手法，让我们读出了桂花已成为母亲记忆中故乡的代名词。母亲对桂花的喜爱之情，其实也是她浓浓的——思乡之情。

3. 同学们，这仅仅是母亲的思乡之情吗？作者写这篇文章的时候，已经是一个六十多岁的老人了，离开家乡也有三十多年了。她一直没有回到过自己的故乡，一直没有再见到过家乡院子里那株桂花树，再也没有闻到过那阵阵桂花香，所以，这既是母亲的思乡之情，也是作者的思乡之情啊！

六、摇花乐。

刚才大家通过自己读书思考，与同学合作交流，感受到了作者用一个传神的“浸”字和对比的手法写出了“桂花香”，看似写桂花香，实则是为了表达浓浓的思乡情。每当桂花盛开的季节，小琦君都要忙一件大事！是什么呀？——摇花。

1. 指名读。圈出动词：抱、摇、喊，你感受到了什么？

2. 让我们跟随作者来到她家乡的院子里，来到这棵桂花树下。此刻，正是桂花盛开的季节，想看桂花雨吗？那我们需要怎么做呀？——摇！双手抱着桂花树，使劲摇。

3. 你们这一使劲啊，瞧，桂花纷纷落下来了。此时，你想说点什么吗？是啊，多美的桂花雨啊！桂花纷纷扬扬地落下来，人们满头满身都是桂花，这下“我”可乐了——学生接读。她一边摇一边喊：“啊，真像下雨，好香的雨啊！”指名读。

4. 总结：是啊，好香的雨啊！大家看，作者写“摇花乐”的时候，用“摇”“抱”“喊”等动作描写和语言描写，把小琦君心里的快乐写出来了。

5. 同学们，那么多的童年往事，作者偏偏只写“摇花乐”这一件，而且还通过动作和语言描写，详细地写了这件事。你觉得这是为了表达什么？——思乡情。

七、拓展升华。

1. 通过课前的预习，你对本文的作者琦君有哪些了解？

2. 介绍琦君：琦君是台湾非常出名的散文家，写过很多作品。你可以买一本她的散文读一读，你会发现，她的作品内容总离不开家乡的景、家乡的事，散发着浓浓的思乡情。下面就让我们一起来感受她的其他作品中的思乡情。

3. 出示：故乡，我们哪一天能回去？家乡味，我们哪一天能再尝呢？——《故乡味》

说实在的，即使是真正天然的矿泉水，饮啜起来，在感觉上，在心灵上，比起大陆故乡的“山泉”来，能一样的清冽甘美吗？——《水是故乡甜》

月是故乡明，水还是故乡的甜！看呐，又到了桂花飘香的季节，桂花纷纷扬扬地落下，作者不禁又想起了这桂花香，这摇花乐，还有这剪不断的思乡情。

**板书设计**

7* 桂 花 雨

（景）桂 花 香

思 乡（情）

（事）摇 花 乐

**教学反思：**《桂花雨》是我国著名女作家琦君的一篇散文，语言文字尤其美。初捧这篇文章时，或许我们只是被优美的语言文字所打动，如同沐浴在一场香香的桂花雨中。当再深入地去读，去了解琦君时，我们却能够在那迷人的香气中，感受到琦君那如桂花雨般的思乡之情。但是这种乡情难忘、童年难忘的情怀，却不是简简单单就可以感受到的，需要我们仔细地从字里行间细细品味。那么在课堂中，如何让学生也能有这样的体会呢？

“摇桂花”这一段是教学的重点。采用读中感悟的方法，引导学生深入地体会“摇桂花”时的快乐心情，给学生充足的时间进行自主学习，如圈画出你认为体现琦君喜欢摇桂花的句子，并在给你感受最深的词语旁边做批注。随后，学生围绕这些句子展开交流。（1）“‘摇桂花’对我是件大事，所以我总是缠着母亲问：‘妈，怎么还不摇桂花呢！’”让学生自己交流体会这一句，启发学生感受这一年一度的摇桂花对琦君来说是一件重要的事，是一件乐事。（2）“这下我可乐了，帮着在桂花树下铺竹席，帮着抱着桂花树使劲地摇。”让学生尝试把静止的文字想象成一个个动态的画面，描述画面中出现的是一个什么样的小女孩。学生在描述中感受到了这是一个天真可爱活泼，忙得不亦乐乎的小姑娘形象。（3）“桂花纷纷落下来，落得我们满头满身，我就喊：‘啊！真像下雨！好香的雨啊！’”运用创设情境——撒桂花，让学生感受桂花雨的飘落，在又蹦又跳、又笑又叫中感受到摇桂花的快乐。

“外地的桂花再香，也比不得家乡院子里的桂花。”母亲的这句话是全文的一个难点。教师引导学生质疑，介绍故事背景，让学生深入体会母亲比的不是桂花味道的浓淡，比的是感情，与其说母亲谈的是桂花，不如说母亲是在表达自己的思乡之情。

# 抓住表达特点　抒写爱国之情

## ——《圆明园的毁灭》教学设计与反思

**学习目标：** 1. 认识6个生字，会写14个生字；正确读写“不可估量、损失、殿堂、销毁、瑰宝、灰烬、举世闻名、众星拱月、玲珑剔透、亭台楼阁、诗情画意、天南海北、奇珍异宝”等词语。2. 有感情地朗读课文，背诵课文第三四自然段，领悟文章的表达特点，拓展练笔。3. 理解课文内容，了解圆明园辉煌的过去和毁灭的经过，激发热爱祖国文化的情感，增强振兴中华的责任感和使命感。

**教学重难点：** 理解课文内容，了解圆明园辉煌的过去和毁灭的经过，激发热爱祖国文化的情感，增强振兴中华的责任感和使命感。领悟文章的表达特点，拓展练笔。

**教学过程：**

（一）谈话导入，揭示课题。

同学们，北京有一座历史悠久的皇家园林，曾被称为“万园之园”，如今却只剩下残垣断壁，它就是圆明园。圆明园有着怎样的辉煌历史？它又是如何被毁灭的？让我们走进课文《圆明园的毁灭》。板书课题，齐读课题。

（二）整体感知，把握内容。

1. 初读课文，学习课文生字词。检查生字词掌握情况。

2. 文章的题目是《圆明园的毁灭》，课文的哪部分写的是毁灭？（第五自然段。）其他几个自然段又写了什么呢？请你们默读课文，边读边思考。作者在开篇就对圆明园的毁灭表达了自己的感受，（出示课文第一自然段）请你们读一读。你们读出了什么？作者为什么这样说呢？让我们走进课文，走进圆明园。

（三）感悟语言，再现辉煌。

1. 作者在文中是怎样评价这座皇家园林的？读一读，体会情感：自豪、赞叹、欣赏……

出示句子：

（1）圆明园是一座举世闻名的皇家园林。

（2）圆明园是当时世界上最大的博物馆、艺术馆。

（3）圆明园是园林艺术的瑰宝、建筑艺术的精华。

2. 同学们，你们读懂这三句话的意思了吗？为什么作者要这样评价这座园林？让我们深入阅读课文，边读边展开想象，饱览圆明园昔日的辉煌。

3. 出示学习要求：默读课文第 2 ～ 4 自然段，文中都介绍了圆明园的哪些辉煌景象？结合查阅的资料，展开想象，谈谈自己的感受。

4. 学生交流。

第二自然段：抓住“众星拱月”，体会圆明园的规模宏大及结构布局。

第三自然段：

（1）关注“金碧辉煌”“玲珑剔透”等词语，结合资料，展开想象，体会圆明园建筑的辉煌。

小结：宏伟与精致并存，热闹与宁静同在，现实与幻想和谐交融，集东西方建筑特点于一园。对比描述使我们真切地感受到圆明园的建筑风格多样、包罗万象。

（2）关注表达，有感情地朗读。圆明园之中的景观有气派的、也有小巧的；有热闹的、也有恬静的；有仿造的、也有想象的；有民族的、也有西洋的。圆明园的美景是写不尽、道不完的。再读课文，作者是怎样一一向我们介绍这些景物的呢？

小结：作者先用对比的手法，以“有……也有……”“不仅有……还有”的句式，将圆明园多样的建筑风格一一介绍出来，同时又表达了自己的感受，让人在感慨圆明园辉煌美丽的同时，也更觉文章条理清晰，朗朗上口。

（3）补充填空，练习背诵。

（4）拓展练笔，学习运用：运用这样的表达方法介绍你熟悉的地方。

第四自然段：

（1）抓住文中表示时间的词语“上自、下至”，体会年代的久远。从清朝往上走，到先秦，估计一下，一共是多少年？二千四百多年的历史，这中间会出现多少名人字画和奇珍异宝？用成语来形容——数不胜数、应有尽有、琳琅满目、美不胜收，所以圆明园被称为世界上最大的博物馆、艺术馆。

（2）借助资料，体会文物珍贵。

文字资料：2000年4月，北京保利集团以将近4000万港元将当年海宴堂门前水池内的12只生肖铜像中的虎首、牛首、猴首买回，使它们重新回到了祖国的怀抱。

播放图片资料：这是价值连城的青铜礼器；这是明代四才子之一的文徵明的书画作品；这是造型精美的奇珍异宝……每一件文物都价值连城呀！不愧是当时世界上最大的博物馆、艺术馆。

（3）从眼神中，我看到了你们的激动，用朗读表达你们的感受吧！

5. 提升认识，升华情感。

圆明园中这些园林艺术的瑰宝、建筑艺术的精华都是谁创造的呢？都是古代劳动人民的创造。圆明园里不仅有无数瑰宝，更凝聚着古代劳动人民的智慧、心血，它体现了中华乃至世界历代宝贵的文化。

6. 再次出示三句话，读出骄傲自豪之情。

（1）圆明园是一座举世闻名的皇家园林。

（2）圆明园是当时世界上最大的博物馆、艺术馆。

（3）圆明园是园林艺术的瑰宝、建筑艺术的精华。

（四）再现毁灭，体会耻辱。

1. 播放圆明园毁灭的电影视频资料片段，了解历史。

2. 填空练习，聚焦重点词语，体会侵略者的贪婪、野蛮、残酷。

他们把园内（　　）能拿走的东西，（　　）掠走；拿不动的，就用大车或牲口搬运；（　　）运不走的，就（　　）破坏、毁掉。

3. 至此，随着连烧三天的大火，圆明园所拥有的一切，现在都“没有了”。

4. 师生对读，表达情感。（愤怒、惋惜。）

（五）感悟写法，升华情感。

1. 再读课文第一自然段，谈感受。

（1）创设情境：举世闻名的皇家园林没有了，园林艺术的瑰宝、建筑艺术的精华没有了，世界上最大的博物馆、艺术馆没有了。更令人痛惜的是，中华乃至世界的历代人民智慧的结晶也随着这大火彻底毁灭了。

（2）出示：圆明园的毁灭是中国文化史上不可估量的损失，也是世界文化史上不可估量的损失。此时，你的心情是什么样的？你想说些什么？

2. 课文题目为《圆明园的毁灭》，而作者为什么用大量篇幅描写圆明园昔日的辉煌？圆明园昔日的辉煌是无法比拟的，毁灭的损失是无法估量的。辉煌与毁灭的对比，激发了我们不忘国耻、振兴中华的情感。圆明园的大火早已熄灭，可是我们思考的脚步不能停止。希望同学们能走出课堂，去进一步了解这段历史，并与大家探讨自己的思考。

（六）布置作业。

1. 有感情地朗读你最感兴趣的语句。

2. 继续了解有关圆明园的历史资料，铭记历史，振兴中华。

**板书设计**

圆明园的毁灭

昔日的辉煌：骄傲自豪

毁灭：痛恨、惋惜

**教学反思：**鲁迅先生说过："悲剧将人生有价值的东西毁灭给人看。"教学中，教师引导学生充分感知语言、品味语言，感受昔日圆明园的精美、壮观，激起学生对昔日圆明园的无比热爱、无限向往。

课文第二部分内容教学的成功可为"毁灭"部分的教学奠定基础，达到优化教学结构，提高课堂教学效率的目的。这部分的教学以读为主，通过阅读，学生感悟到了圆明园之大、之美，充分地体会到了自豪的情感，认识到了圆明园是一座举世闻名的皇家园林。在内容的处理上，教师力求做到详略得当。如第三自然段的第一句和最后一句，引导学生反复朗读，使学生不仅认识到了景观之美，还感受到了我国古代劳动人民的创造才能。读是输入，写是输出。学生在充分朗读感悟之后，明确作者的语言表达特点，拓展练笔学以致用。

在课文最后一部分内容的教学中，学生在阅读和理解前文的基础上，对圆明园的美丽辉煌已经有了深刻的体验，而这样美得让人心碎的东西却被无情毁灭，学生一直被"压抑"的情感终于有了喷发的机会。观看英法联军放火焚烧圆明园的录像时，由于气氛压抑，学生感觉时间比实际时间要长。教师指出这只是短短的半分钟，请学生换算三天三夜有多少个半分钟。当学生得知这场大火烧了足足8640个半分钟时，他们的心灵受到了强烈的震撼：时间怎么会这样长啊！在这样漫长的时间里会有多少价值连城的东西化为灰烬啊！面对强盗的无耻行径，面对清政府的昏庸无能，面对美的东西化为灰烬，学生情动于中而形于外，其强烈的情感如黄河之水，飞泻而下。教师在润物无声中渗透了爱国主义情感教育，让学生懂得，唯有国家之强大，才不会被别人欺负，振兴中华，从我做起！

# 围绕中心句　感悟家乡美

## ——《搭石》教学设计与反思

**学习目标：**1. 认识文中的12个生字词，理解“人影绰绰、清波漾漾”等词语。2. 能够正确、流利、有感情地朗读课文。3. 理解什么是搭石，重点学习走搭石这一段，体会景与人统一的和谐之美，感悟家乡人无私奉献的美好品质。

**教学重难点：**学习走搭石这一段，体会景与人统一的和谐之美，感悟家乡人无私奉献的美好品质。

**教学过程：**

（一）激趣导入。

同学们，今天我们一起走进乡土作家刘章的散文《搭石》，一起去看看那美丽的小山村，走走那里的搭石，感受它的平凡和美丽。板书课题，齐读课题。

（二）初读课文，检查预习情况，认识搭石。

1. 请同学们出声朗读课文，读准字音，读通句子，难读的地方多读几遍。

2. 检查生字词。课件出示词语：山洪暴发、间隔、谴责、懒惰、俗语、平衡、一行人、清波漾漾、理所当然、联结、猛涨、人影绰绰、协调有序。指名读，重点指导读好多音字。同桌互相检查。

3. 认识搭石：谁能告诉我什么是搭石？课件出示："进入秋天，天气变凉，家乡的人们会根据水的深浅，从河的两岸找来一些平整方正的石头，按照二尺左右的间隔，在小溪里横着摆上一排，让人们从上面踏过，这就是搭石。"如果没有搭石，人们怎么渡过小溪呢？出示句子："山洪过后，人们出工、收工、赶集、访友，来来去去，必须脱鞋挽裤。"夏天可以脱鞋挽裤，天冷了呢？所以说，搭石对人们很重要，让我们再读读这句话。

（三）精读课文，感受美。

出示句子："搭石构成了家乡的一道风景。"齐读。这道风景到底美在哪里？我们到课文中去寻找答案。

1. 整体感知课文内容。请自由读课文第2～4自然段，看一看，课文通过哪几件事表现了搭石是家乡的一道风景？交流：（1）上年纪的人及时整理搭石；（板书：整理搭石。）（2）一行人协调有序地过搭石；（板书：一行人走搭石。）（3）两人面对面懂得礼让过搭石；（板书：面对面走搭石。）（4）背老人过搭石。（板书：背老人过搭石。）

2. 抓住事例，感受搭石的美。课文是怎样通过这几件事表现出搭石的美呢？请同学们默读课文第2～4自然段，画出让你感受深刻的语句，也可以在旁边做一下简单的批注。

3. 交流调整"搭石"，感悟家乡人的无私奉献。我们一起走进课文第2自然段，在这一段中，你从哪句话中感受到了美呢？课件出示句子：“上了点儿年岁的人，无论怎样急着赶路，只要发现哪块搭石不平稳，一定会放下带的东西，找来合适的石头搭上，再在上边踏上几个来回，直到满意了才肯离去。”

4. 你从这句话中感受到了什么？你是从哪些词句感受到的呢？引导学生从“无论怎样……只要……一定……踏上几个来回……直到满意了才肯离去”等词句中体会。是啊，尽管上了年纪，即使有再着急的事，他们也会把不平稳的搭石整理好。你能带着你的感受再来读一读吗？学生自己练读，指名读。从这些关键词语和对老人动作的细致描写中，我们感受到老人是多么可亲可敬、无私奉献，让我们用深情的朗读来向他们致敬吧！学生齐读。

小结：搭石构成了家乡的一道风景，这是一道无私奉献的美丽风景。

5. 快走搭石，感悟家乡人协调有序的和谐美。

一行人走搭石又是一幅怎样的画面呢？课件出示句子：“每当上工、下工，一行人走搭石的时候，动作是那么协调有序！前面的抬起脚来，后面的紧跟上去，踏踏的声音，像轻快的音乐；清波漾漾，人影绰绰，给人画一般的美感。”这段话又给了你什么不一样的感受呢？

（1）“协调有序”

怎样才能做到“协调有序”？课文中是怎样描述的呢？“人们走搭石不能抢路，也不能突然止步。”“前面的抬起脚来，后面的紧跟上去，踏踏的声音，像轻快的音乐。”这位同学很会学习，他能联系上下文理解“协调有序”，这是一种很有效的学习方法。在我们的生活中，你还见到过哪些协调有序的情景呢？

（2）“清波漾漾，人影绰绰”

哪两个词语让你感受到了画面美？“清波漾漾，人影绰绰。”同学们想象一下，“清波漾漾，人影绰绰”是一幅怎样的画面？（配乐创设情境）溪水很清很清，清得可以看见水底的石头，一阵风吹来，水面上荡漾着一圈一圈的波纹，人们行走在一排排整齐的搭石上，身影倒映在水面上，像画儿一样。多美的情景啊！让我们在朗读中再次感受这和谐美好的画面吧！指名读、范读、配乐读、齐读。

（3）小结：人在搭石上走出了一道最美的风景，不仅有眼睛看得到的画面美，耳朵听得到的音乐美，还有我们感受到的协调有序的和谐美。一行人走搭石是一道风景，那么两个人面对面走搭石又会是怎样的风景呢？我们接着往下看。

6. 行走搭石，感悟家乡人的谦让尊老。

（1）课件出示句子：“如果有两个人面对面同时走到溪边，总会在第一块搭石前止步，招手示意，让对方先走，等对方过了河，两人再说上几句家常话，才相背而行。”指名学生说感受。从哪个词语可以看出来谦让美？（总会。）任何时候，两人相见，总会示意让对方先走。请你读出这份谦让美。还会有谁来走搭石？又是怎样的风景呢？

（2）课件出示句子：“假如遇到老人来走搭石，年轻人总要伏下身子背老人过去，人们把这看成理所当然的事。”

①哪个词给你感触最深？（理所当然。）什么叫理所当然的事？我们的生活中有哪些理所当然的事？

②是只有一两个年轻人偶尔才会这样做吗？是所有年轻人任何时候都会这样做。从哪个词可以看出来？（总要。）

（3）小结：多么让人感动啊，这些年轻人把背老人过河当成理所当然的事。他们有一种难能可贵的优秀品质，那就是尊敬老人。村里的人们把尊敬老人当作理所当然，不仅家乡的风景美，家乡的人情更美！

7. 这一排排搭石，每天该有多少人走啊！只是见到老人才需要背过去吗？还有什么样的人会来走搭石？又会发生哪些温馨、令人感动的画面？请你试着说一说。

假如（　　），人们把这看成理所当然的事。

假如（　　），人们把这看成理所当然的事。

（四）总结升华，赞颂美。

课件出示："搭石，构成了家乡的一道风景。"一排排平凡的搭石是家乡的一道道美丽风景，其实比这风景更美的是走在搭石上的人啊！让我们饱含深情地齐读最后一段话。课件出示："一排排搭石，任人走，任人踏，它们联结着故乡的小路，也联结着乡亲们美好的情感。"

小结：课文选取了搭石这一平凡的事物，表现的却是家乡人无私奉献、和谐谦让、尊老爱老的美好情感，让我们非常感动。正是由于作者细心观察、用心感受，才写出了这样感人的故事。

（五）拓展练笔，发现美，留住美。

在我们的生活中，也有许许多多像搭石这样的平常小事。它们虽小，却时时温暖着我们。只要我们留心观察，用心感受，就会发现美其实就在我们身边的每一件平凡事物中。请同学们拿起手中的笔，记录下你在生活中所发现的美。

**板书设计**

搭石

摆搭石

走搭石

赞搭石

**教学反思：**《搭石》这篇课文描写了作者家乡有一条无名小

溪，家乡的人们根据水的深浅，从河的两岸找来一些平整方正的石头，按照二尺左右的间隔，在小溪里横着摆上一排，让人们从上面踏过，这些石头就是搭石。作者借摆搭石、走搭石来赞扬家乡人们之间美好的情感和那些无私奉献、一心为他人着想的人。

教学《搭石》一文，教师抓住整理搭石、一行人走搭石、两个人面对面走搭石、背老人走搭石四部分文字，让同学从读中悟情，读出了美的画面、美的情境，体会到了景美、人美、人与自然和谐之美，以及文章的语言美。凭借语言文字理解内容，体会感情，注重体会重点语句的作用和表达效果，在此过程中，学生学习了语言，受到了人文熏陶。

《搭石》质朴纯真而又简约蕴美，具有浓郁的乡土气息。搭石在文中实际上是一个“象征”，它代表了人们的美德：为他人着想、谦让礼貌、和谐共处。这种美德和文中的自然美融合在一起，让全篇文气贯通，气韵流动。教学的重点是让学生体会到这种景与人统一的和谐之美，因此，在教学过程中，教师没有将景美与人美割裂开来，也没特别强调某一方，而是以“风景”一词切入，将自然之美和人性之美全部融合在“风景”中，紧紧围绕“搭石，构成了家乡的一道风景”这一中心句展开全课的学习。通过巧妙的师生对话，诗化的朗读指导，教师适时地进行情境创设、语言渲染，引导学生去感受这道特殊的风景，在学生的心间奏响这曲和谐美丽的家乡赞歌。

# 明晰写法　学习表达

## ——《威尼斯的小艇》教学设计与反思

**学习目标：** 1. 认识6个生字，会写10个生字。正确读写“小艇、船艄、船舱、保姆、祷告、哗笑、簇拥、沉寂、翘起、雇定、纵横交叉”等词语。2. 有感情地朗读课文，积累喜欢的语句。3. 明白课文围绕小艇写了哪几部分内容，说说小艇的特点，学习作者是怎样把特点表达清楚的。4. 学习作者动态描写、静态描写相结合的表达方法，感悟表达效果，体会威尼斯的动、静之美。

**教学重难点：** 明白课文围绕小艇写了哪几部分内容。学习作者动态描写、静态描写相结合的表达方法，感悟表达效果，体会威尼斯的动、静之美。

**教学过程：**

一、谈话导入新课。

今天，老师要带领大家去一座国外的城市旅游，请欣赏图片，边观察边思考你看到了什么。（播放课件）学生汇报，教师简介威尼斯。板书课题并齐读。

二、初读课文，整体感知。

1. 请同学们自由读课文，读准字音读通句子，思考：课文围绕小艇主要写了哪几方面的内容？

2. 学生自读课文。

3. 出示词语，指名读，注意指导读好多音字“哗”，齐读。

4. 交流：课文围绕小艇主要写了哪几方面内容？学生汇报。

教师根据学生的汇报梳理归纳并板书。

三、品读赏析，深入理解。

同学们不仅会读书还会思考，概括得准确全面。要想了解威尼斯的小艇，首先我们要了解一下小艇的样子。

（一）学习第2自然段。

1. 小艇有哪些特点呢？请自由读课文第2自然段并进行批注，圈画关键字词。学生汇报。出示重点字词，释义“二三十英尺长”，拿教室做参照物。大家有没有注意到作者为了更好地说明小艇的样子和特点运用了什么写作手法？（比喻。）学生读句子。释义“独木舟”，让学生有所了解。接读感悟：谁来说说作者把小艇分别比作什么？说明小艇的什么特点？学生边汇报边读句子，适当点拨。

2. 比较句子，体会比喻句的好处。拓展小练笔，指导运用比喻的修辞手法。

（二）学习第3自然段。

1. 造型这么独特的小艇，大家想不想上去坐一下啊？配乐指名读。

2. 坐在这样的小艇中，大家又有怎样的感受呢？学生谈感受。齐读。

（三）学习第4自然段。

小艇这样舒适、有情趣，要归功于船夫的驾驶技术。课文的哪个段落写了船夫？这段是围绕哪句话写的？在文中画出来。学生快速找出相应的段落朗读，批注。

1. 出示相应段落，指名读。这段话是围绕哪句话写的？学生汇报，指导“特别”重读。

2. 船夫的技术好在哪些方面呢？用学习第2自然段的方法（圈画重点字词做批注）自学。

3. 找到船夫在三种行船情况下的表现，教师引读，男女生分别读，感受船夫的高超技术。作者先写了小艇的样子又写了船夫的驾驶技术高超，主要运用了动态描写，这也是这段文字的独特之处。

（四）学习第5自然段。

1. 威尼斯是一座水上城市，小艇担当着重要角色，它有什么作用呢？自读第5～6自然段完成表格。

2. 想象还有哪些人会乘坐小艇？他们去干什么？拓展课文内容。小艇在人们的生活中发挥着非常重要的作用，小艇与威尼斯人们的生活息息相关。

（五）学习第6自然段。

1. 在这个河道纵横、以舟代车的城市里，小艇和人们的生活密不可分。再读第6自然段，思考：这一自然段写的是哪种场面的变化？指名读。学生汇报。作者运用了从动到静的写法，动静结合，不仅写出了小艇在人们生活中的重要作用，更让我们感受到了夜晚威尼斯的静谧之美。

2. 出示全段，动态描写部分为红色字体，静态描写部分为黑色字体，采用男女生分别读、师生对读、配乐朗读等多种形式朗读，感受威尼斯由动到静的变化美。

四、教师小结，拓展延伸。

这节课我们跟随着作者马克·吐温认识了威尼斯的小艇，欣赏了威尼斯的动、静之美。美的课文给我们带来美的享受，世界是美的，生活是美的。美的地方总是得到众多作家的青睐。朱自清、法国作家乔治·桑笔下的威尼斯又是怎么样的呢？阅读课后的链接，想想三位作家在表达上有什么相似之处。

五、作业。

你的家乡一定也有美丽的景色，请你运用动态、静态描写写一段话，写出家乡某处景或物的特点。

**板书设计**

小艇的特点

威尼斯的小艇　船夫技术

小艇用处

**教学反思：**《威尼斯的小艇》这篇课文是美国作家马克·吐温的一篇写景的散文，他以形神兼备、灵活多变的语句展示了异国风情。课文从“我”的所见所感入手，首先交代了小艇是威尼斯的主要交通工具，接着详细介绍了小艇独特的构造特点，然后讲述了船夫的高超驾驶技术，最后说明了小艇与人们的日常生活息息相关。动静结合抓住事物特点描写是课文表达的主要特点，本课教学重点是让学生了解小艇的特点和它与人们生活的密切关系，学习作者是怎样运用动态、静态描写相结合抓住特点描写事物的。

关注人是新课程的核心理念，新理念下的课堂应成为学生的乐园。这节课中，教师注重对学生的关注与尊重、鼓励与赞赏、引导与帮助，激发了学生思考、阅读、交流、识字与写字的兴趣，保证学生始终处于学习的主体地位。

创设情境，激发学习兴趣。本文是一篇写景散文，为了让学生能够感受到世界名城威尼斯的迷人风光及异国风情，教师运用了多媒体课件，创设情境，营造民主、平等、开放的教学氛围，一幅幅秀美的图片的展示，让学生有身临其境之感，激发了学生强烈的学习欲。

明晰写法，学习表达。在教学过程中，教师指导学生透过语言文字明白作者是怎样写出小艇的特点的，明白文章运用了比喻的表达方法，拓展相关的小练笔进行练习，让学生学习表达，为习作奠定基础。

教学中，重点抓住文章的第四和第六自然段，让学生感悟作者是如何通过动态描写、静态描写来表现威尼斯之美的，借助关键语句朗读，想象体会其表达效果，感悟威尼斯的动、静之美，并学习运用这种方法进行练笔。学以致用，体现了语文学科语言文字运用的实践性、综合性的特点。

# 抓住语言要素　书写内心变化

## ——《掌声》教学设计与反思

**学习目标：** 1. 会认“麻、症、疾”等10个生字，会写“愿、姿、势、普、通”等13个生字，正确朗读“默默地、小儿麻痹症、姿势”等词语。2. 正确、流利、有感情地朗读课文，了解掌声给英子带来的变化，体会人物内心情感的变化。3. 联系课文内容，结合生活体验，感受掌声中包含的鼓励、关爱、称赞，懂得主动关心、鼓励别人，也要珍惜别人的关心和鼓励。

**教学重难点：** 1. 感受英子在掌声前后的变化。2. 通过语言和动作描写来体会英子的心理变化。

**教学过程：**

一、检查预习，谈话导入。

1. 知道大家都特别喜欢挑战闯关游戏，看，老师这次带来了词语擂台，考考大家。出示词语：默默地、小儿麻痹症、落下了残疾、姿势、刚调来、情况、犹豫、骤然、镇定、情绪、讲述、忧郁、歧视、鼓励。学生读词语，重点指导读准“落下了残疾”“刚调来”两个词语中“落”“调”两个多音字的读音。

2. 朗读文中两个长句。

第一句："因为她得过小儿麻痹症，脚落下了残疾，不愿意让别人看见她走路的姿势。"（相机介绍小儿麻痹症的相关资料。）

第二句："老师是刚调来的，还不知道英子的情况。"

学生读准之后，教师评价预习情况，并掌声鼓励。同时也引导学生愿意用掌声给别人鼓励、赞赏。

3. 小结：老师从同学们热烈的掌声中充分感受到，掌声就是一种特殊的语言。刚刚大家的掌声表示什么？（引导学生说出内心感受，如鼓励、赞赏、欢迎等。）今天我们一起走进课文《掌声》。板书课题。

二、初读课文。

1. 课文围绕掌声究竟发生了怎样的事情呢？请大家打开课本，自由朗读课文。遇到不好读的字词或者难读的长句子，停下来多读几遍。检测阅读情况，请学生试着用几句话简单地概括文章内容。引导学生感受英子前后变化的关键——掌声。

2. 学习描写英子得到掌声前的相关段落。

默读课文第1～3自然段，边读边画出描写英子动作的词语。出示短语词组：默默地坐、早早地来到、最后一个离开、立刻把头低了下去、慢吞吞地站、一摇一晃地走、眼圈红红的。齐读。英子的每个动作背后都有她自己的想法，此时的英子都在想什么？小组内交流，指名学生发表自己的意见。

默默地坐、早早地来到、最后一个离开（自卑，害怕被人嘲笑）；立刻把头低了下去（担心、紧张）；慢吞吞地站、一摇一晃地走、眼圈红红的（犹豫、害怕被歧视，理解"歧视"）。其实，她的这些表现可以用文中的一个词语来表示——忧郁。读到这儿，请你说一说，此时你眼中的英子是一个什么样的孩子？

（自卑、不自信、悲伤。）

3. 带着体会再读第一段至第三段，语调低沉缓慢，对英子的处境感同身受。

三、深入理解课文。

1. 出示：“就在英子刚刚……一摇一晃地走下了讲台。”指名学生朗读。边读边思考：是什么让英子感动得流下了眼泪？又是什么让英子微笑着走下讲台？

2. 聚焦得到掌声后的英子。

3. 找到关键句段——两次掌声所在的段落。出示描写两次掌声的句子，学生自由朗读，边读边思考：同学们想通过掌声告诉英子什么？对比思考两次掌声的含义。

第一次：“就在英子刚刚站定的那一刻，教室里骤然间响起了掌声，那掌声热烈而持久。”（尊重、鼓励。）思考：听到第一次掌声时，英子会想什么？拿起笔写一写此时英子内心的想法。

第二次：“故事讲完了，教室里又响起了热烈的掌声。”（肯定、赞赏。）思考：教室里又响起了第二次掌声，此时的英子又会想些什么呢？请同学们写下来。

4. 是同学们的掌声给了英子鼓励、赞美和肯定，英子感受到了大家的关爱，体会到了成功的喜悦。

5. 学习第四、第五段，感受英子的变化及变化的原因。快速找出英子表现的词句：一起游戏说笑、学习跳舞，英子从自卑、忧郁变得自信、活泼。结合第五段英子的来信，练习朗读第四段，体会英子的语气。指导学生读第四、第五段，把握语调的活泼、欢快，读出英子的自信。

四、拓展延伸。

1. 掌声总会带给人无限的力量。我们要珍惜别人的掌声，因为我们可以从别人的掌声中获得前进的信心和力量，同时，我们也不要吝惜给别人掌声，要伸出手帮助别人，把爱心传递下去。赠人玫瑰，手有余香。你想把掌声、把爱心送给谁呢？小组合作交流讨论。

2. 出示《掌声响起来》歌词节选，齐声朗读。

人生需要掌声，掌声比金钱更为重要。掌声是黑暗中的黎明，夜晚中的星星。没有掌声的演出是可怕的，没有掌声的人生是可悲的。人生，就像开放在郊外的野花，万紫千红、芳香四溢。让掌声响起来，人生需要掌声。

五、布置作业。

1. 有感情地朗读课文，抄写文中使你感动的句子。

2. 用实际行动给遭遇不幸的人以鼓励和帮助。

**板书设计**

掌声

自卑、忧郁

自信、阳光

**教学反思：**《掌声》写的是身患残疾而忧郁自卑的英子上台演讲时得到同学们热烈的掌声的故事。在这掌声的激励下，英子从一个内心自卑的人变成了一个活泼开朗的人，开始“微笑着面对生活”。课文通过英子的变化，表现了同学间的鼓励和关爱。文章语言质朴，但平淡的叙述里却饱含着丰富的情感。

1. 抓文章前后对比，品味词句的表达效果，突出教学重难点。

教学中，首先围绕“掌声”这一主题，教师抓住英子掌声前后的变化以及文章对人物动作、神态的描写，引导学生在阅读中感悟两次掌声的不同含义。透过掌声前后英子的巨大变化，质疑掌声，理解掌声，最后升华掌声含义，做到循序渐进。通过语言理解内容，在理解内容的基础上，感悟语言运用之妙，最终迁移内化，丰富学生的语言积累。其次，抓住描写人物神情、动作、语言的词语来体会课文用词的精准，感悟文本所传达的情感，以便走进人物的内心。同时，教师注重对学生进行语言表达的训练，朗读方法的指导，指导学生如何“由表及里”体悟人物情感。

《义务教育语文课程标准》明确指出：中年段学生在阅读中能联系上下文，理解词句的意思，体会课文中关键词句在表情达意方面的作用。因此，教师在教学过程中要引导学生品味、咀嚼、揣摩、感悟词句。例如，教学中抓住“犹豫”一词，让学生体会英子矛盾的内心冲突，感悟她当时的痛苦。这是理解英子之所以被掌声感动的基础。英子越是犹豫越说明她需要他人的帮助与鼓励。

2. 语言渲染再现情境，唤起情感体验，提升朗读水平。

教学中，在感受掌声之前英子痛苦自卑的内心感受时，教师抓住英子孤僻的外在表现，引导学生体会英子不愿意让别人看见她走路姿势的心理根源。通过创设情境，引导学生感受英子在平日生活中的逃避——不愿意让别人看见自己走路的姿势。所以下课时，大家到操场跳皮筋，她情愿默默地坐在教室的一角；本来想去水房打水喝，因为不愿意让别人看见自己走路的姿势，她情愿默默地坐在教室的一角；甚至是要去洗手间，因为不愿意让别人看见自己走路的姿势，她情愿默默地坐在教室的一角。由此，再引导学生理解英子的自卑心理就变得水到渠成。以“两次掌声像是在对英子说什么”“如果你是英子，若干年后的今天，帮助过你的同学就站在你面前，你会向同学说什么”等问题引导学生进入角色，使教材描写的客观世界成为学生自己的主观感受，把教材中的“此情此景”变成学生的“我情我景”。这样一来，学生就融“我”入境，于“身临其境”之中进行推测、想象，探索文中人物情感变化的轨迹，既加深了对课文内容的理解，又增进了情感体验，更便于学生敞开心扉。通过朗读宣泄情感，通过语言渲染情感，再加上引导、示范等环节，学生的朗读水平能够更上一层楼，课堂上处处散发着浓浓的语文味。

# 品读重点词句　续写童年乐趣

## ——《风筝》教学设计与反思

**学习目标：**1. 会认5个生字，会写“拼、抖、精”3个生字。2. 能正确、流利、有感情地朗读课文。3. 读懂课文内容，找出描写心情的词语和句子，体会秋天里放风筝给孩子们带来的快乐。4. 引导学生体会放风筝、找风筝的过程中，伙伴们的心情变化，并找出描写心情变化的词语和句子，引导学生体会作者是怎样把“玩”的过程和方法写清楚的。

**教学重难点：**引导学生体会放风筝、找风筝的过程中，伙伴们的心情变化，并找出描写心情的词语和句子，体会作者是怎样把孩子们的心情变化写具体的。

**教学过程：**

一、创设情境，激趣导入。

1. 古往今来，有多少文人墨客写过有关风筝的文字，唐代诗人高鼎的《村居》描述的就是孩子们散学后放风筝的快乐情景。（大屏幕出示古诗）让我们一起诵读这首诗，再次感受一下那美丽的风景和画面。今天，我们就走进作家贾平凹的《风筝》。课文中的这一群孩子十分喜爱做风筝、放风筝，在他们看来，童年最大的快乐就是做风筝、放风筝。

2. 板书课题，提示“筝”的写法。齐读课题，提示“筝”要读轻声。

二、初读交流，整体感知。

现在就让我们跟随作者的脚步来感受孩子们放飞风筝时的快乐。

1. 出示自学要求。

（1）自由轻声读课文，注意读准字音、读通句子，把课文读通顺、读流利。给每个自然段标上序号。

（2）思考：课文围绕风筝主要写了哪些事？

2. 学生自学，教师巡视，个别指导。

3. 反馈自学情况。

（1）认读生字。

（2）指导书写：“拼”“抖”“精”。

（3）指名交流：课文围绕风筝主要写了哪些事？

板书：做风筝、放风筝、找风筝。

三、研读“做风筝”，体悟情感。

1. 自读感悟：自由朗读课文第二自然段：你能用一个词来形容小伙伴们做风筝时的心情吗？快乐、兴奋……

2. 你能体会到他们的快乐吗？请圈画出相关词语。先在小组内交流，然后全班交流，教师指导朗读。

3. 出示句子：“我们精心做着，心中充满了憧憬和希望。” 如果现在做着风筝的就是你，你心中会憧憬什么、希望什么呢？ 指导学生带着体会朗读：把你的憧憬、你的希望用朗读表达出来。自由读、指名读、齐读。

4.“风筝做好了，却什么都不像了。我们依然快活，把它叫做‘幸福鸟’，还把我们的名字写在上面。”根据学生回答点红“依然”“幸福鸟”。

（1）你能给“依然”换一个词语吗？

（2）为什么做好的风筝什么都不像，我们却依然快活？

（3）为什么我们把风筝取名为“幸福鸟”？要是你来给风筝取名，你会取什么名字？说说你的理由。

5. 指导朗读：因为我们热情涌动，因为我们把希望寄托在风筝上，所以我们快乐，所以我们幸福。自由练习读、指名读、齐读。连起来朗读第二自然段。

四、精读“放飞”，体悟情感。

1. 带着满载希望和幸福的风筝，让我们一起去放飞它吧。

2. 读读悟悟：自由读第三自然段，边读边思考：他们当时的心情如何？重点感受“快乐”。

3. 从“风筝”中感受快乐 。同学们，放风筝最大的快乐是什么？风筝能飞上天。

（1）风筝是怎么被我们放上天的呢？

（2）请同学们再次默读第三自然段，把描写风筝飞上天的词句划下来，读一读，你又感悟到了什么？此时飞起来的仅仅是风筝吗？出示句子填空练习：风筝飞起来了，我们的__________也飞起来了。再读句子：“我们精心做着，心中充满了憧憬和希望。”

（3）创设情境指导朗读：是呀！风筝飞起来了，我们的希望飞起来了；风筝飞起来了，我们的幸福飞起来了；风筝飞起来了，我们的快乐也飞起来了。让风筝在我们的朗读中越飞越高吧！齐读第三自然段。

4. 从“我们”中感受快乐。请你们拿起笔，把描写“我们”放风筝时的快乐的词句画下来读一读。指名学生交流回答，出示相关语句，指导朗读。望着高飞的风筝，你们会喊什么？一起把你的希望、你的幸福、你的快乐喊出来——引读：风筝越飞越高，在空中翩翩起舞——村里人看见了，说："放得这么高！"他们究竟会怎样说呢？借助想象指导朗读。

五、体会找风筝的心情，感悟童真童趣。

1. 默读课文描写找风筝的部分，看看哪个词语最能表现"我们"的心情？

2. 理解"垂头丧气"。老师告诉大家，"垂头"就是低着头的意思，哪位同学能做个垂头丧气的样子给大家看看？相机指导认记"丧"字。

3. 请学生先谈谈应该怎样读好这篇课文，再练习朗读、指名朗读，教师指导。

六、讨论交流，拓展练笔。

1. 那只什么都不像却寄托着我们憧憬和希望的风筝，那只被我们叫作"幸福鸟"的承载着我们的理想、装满了我们童年快乐的风筝，后来怎么样了呢？

2. 讨论："我们"在水磨坊那儿能找到心爱的"幸福鸟"吗？请同学们续写接下来发生的故事。

**板书设计**

做风筝：憧憬
风筝　放风筝：快活
找风筝：伤心

**教学反思：**《风筝》一文是贾平凹先生写的一篇极富儿童气息，充满情趣的文章。文章围绕风筝叙述了孩子们做风筝、放风筝、找风筝的情景，详细地描写了孩子们的动作、神态、心情。孩子们做风筝时满怀憧憬和希望，即便做出的风筝并不精美，仍满心欢喜，高兴地称它为"幸福鸟"。做好了风筝，孩子们迫不及待地放飞风筝，他们快乐地喊叫，从早晨到下午，情绪高涨、兴味浓厚。可是忽然来了一阵风，无情地将风筝吹断，这可急坏了孩子们，他们大惊失色，千呼万唤想唤回断线的风筝，可是努力无效，风筝倏地飞得无影无踪。孩子们自然不会这么轻易就放弃自己心爱的风筝，于是他们开始苦苦追寻，愿意找遍每个角落……多么可爱的一群孩子，多么自由、快乐的生活。这份感情深深牵动着学生的心，他们品读课文，与主人公一起憧憬、一起快乐、一起忧伤……

在教学中，教师抓住重点词句，引导感悟文章的情感，学会把事情写具体，通过动作和神态来表达自己的情感变化。抓住孩子们做风筝、放风筝、找风筝的事件发展线索，感受他们的心情由激动到快活，再到着急伤心，最后又燃起一丝希望的变化。

注重读写结合和写法指导。课堂上让学生对课文内容进行续写，教师总结方法，抓住人物心情的变化来描写，这样便能把事情描写清楚、叙述明白。

为了让学生更好地体会课文蕴含的思想感情，教师把整堂课的重心都放在了朗读上，希望通过朗读让学生体会到孩子们“放风筝”的快乐与“找风筝”的伤心。因此，在教学过程中，教师注意指导学生有感情地朗读课文，当学生在朗读上有进步时，给予掌声鼓励。不经意的一点掌声对学生来说也是肯定，不要吝啬一句表扬的话语，因为那对学生来说意义非凡！

# 依托环境描写　塑造人物形象

## ——《桥》教学设计与反思

**学习目标：**1. 认识本课6个生字，学习写“肆”。2. 能正确、流利、有感情地朗读课文，抓住文中描写环境的句子，体会其表达效果。3. 抓住描写老汉动作、神态、语言的句子，了解和领悟课文在表达上的特点，感受一个老共产党员的光辉形象。

**教学重难点：**抓住描写老汉动作、神态、语言的句子，了解和领悟课文在表达上的特点，感受一个老共产党员的光辉形象。

**教学过程：**

一、回忆旧知，导入新课。

1. 我们在四年级时学过一篇课文《跨越海峡的生命桥》，那是用血浓于水的爱筑起的生命桥，那座桥挽救了大陆青年小钱的生命。今天我们要学的课文题目也是《桥》，（板书：桥）这又是一座什么样的桥呢？

2. 初读课文，概括主要内容。

（1）请同学们快速浏览课文，用简练的语言概括课文的主要内容。

（2）同位练习表达。（教师提示：概括课文主要内容时可抓住记叙文的六要素：时间、地点、人物，事件的起因、经过、结果，语言要简练。）

（3）指名学生概括课文主要内容，教师相机点评订正。

二、抓文体特点，品析语言，体会洪水的凶猛。

1. 凶猛的洪水吞没了老支书和小伙子，请同学们自由读课文，用“——”画出描写大雨和洪水的句子。学生自由朗读课文，边读书边进行批注。

2. 指名学生朗读画出的句子，教师相机指导朗读，及时纠正读错的地方，理解“放肆”。指导书写“肆”。

3. 课文的题目是《桥》，作者为什么花这么大的篇幅来描写大雨和洪水呢？出示描写环境的语句，反复朗读感受洪水的来势凶猛及当时紧张的氛围。引导学生体会环境描写的作用。

三、再读课文，体会老支书的高大形象。

1. 洪水来了，“村庄惊醒了。人们翻身下床，却一脚踏进水里”。惊慌失措的人们你拥我挤地逃跑，寻找出路，他们找到了吗？（找到了，北面那座窄窄的木桥。）东面西面没有路，只有北面有座窄窄的木桥。

2. 这还是一座普通的木桥吗？这已经不是一座普通的木桥了，这座木桥上将承载一百多人的生命，即整个村庄里人们的生命啊！于是，跌跌撞撞的人们向那木桥拥去……第一个来到木桥前的是谁？老汉第一个来到木桥前，他完全有时间带着自己的家人逃生啊！可是他这样做了么？他是怎么做、怎么说的呢？

3. 请同学们默读课文的7～23自然段，找出描写老汉语言、动作、神态的句子画上“____”，并思考这是一位怎样的老汉？在感受深刻的地方做好批注。默读课文，边画句子边批注感受。

4. 学生交流分享找到的句子，教师随机指导朗读，通过抓关键词句朗读体会老汉的高尚品质。出示描写老汉的句子，仔细品读，体会老汉的崇高精神。

“有人喊了一声：‘党员也是人。’”

“老汉冷冷地说：‘可以退党，到我这报名。’”

“老汉突然冲上前从队伍里揪出一个小伙子，吼道：‘你还算是个党员吗？排到后面去！’老汉凶得像只豹子。”

“老汉吼道：‘少废话，快走。’他用力把小伙子推上木桥。”

5. 学生齐读，再次感受老汉高大的形象。

6. 出示最后一段，配乐朗读体会老支书的无私。

“突然，木桥轰的一声塌了。小伙子被洪水吞没了。老汉似乎要喊什么，猛然间，一个浪头也吞没了他。一片白茫茫的世界。五天以后，洪水退了。一个老太太，被人搀扶着，来这里祭奠。她来祭奠两个人。她丈夫和她儿子。”

现在，你们知道老汉和小伙子的关系了吗？（父子。）他们两个是父子，亲父子啊！可老汉为什么单单从人群里揪出了他？！难道这里面就没有别的党员了吗？可老汉却单单从人群里揪出了自己的亲儿子。可见，这是一个怎样的老汉？带着体会再读这段话。

7. 创设情境，拓展想象说话，体会父母之爱。

“他用力把小伙子推上木桥。突然，那木桥轰的一声塌了。小伙子被洪水吞没了。老汉似乎要喊什么，猛然间，一个浪头也吞没了他。”他想对儿子说些什么？这位父亲此时一定有很多话想对儿子说，请你们拿起笔写一写老支书想对儿子说的话。小组讨论交流，体会老支书当时的心情。

四、再读课文，体会设置悬念的写作方法。

1. 出示句子：“老汉突然冲上前，从队伍里揪出一个小伙子，吼道：‘你还算是个党员吗？排到后面去！’老汉凶得像只豹子。”

“老汉吼道：‘少废话，快走。’他用力把小伙子推上木桥。”

2. 读到这里时，大家产生过疑问吗？当时你猜测他们两个可能是什么关系？文章结尾才向我们揭示老汉和小伙子是父子关系，这种写作方法叫“设置悬念”。这层关系也可以在文章中提前介绍出来。出示修改后的课文，学生默读。

3. 你认为是本篇文章结尾把人物关系表明好，还是提前放入文中，直接告诉读者好？小组讨论，交流汇报，体会在文章结尾解开悬念的表达方式所起的作用。

4. 理解课文题目蕴含的深意。读到这里，你知道课文为什么用《桥》作为题目吗？引导学生体会总结，是老汉的冷静、果断、舍己为人、大公无私的高尚品质架起了这座通向生的希望的生命桥。

五、总结写法。

通过这篇课文的学习，我们明白了运用环境描写能够渲染气氛，为下文作铺垫；运用“设置悬念”的写作方法能吸引读者兴趣，突出人物形象，达到震撼人心的效果。希望同学们在以后的习作中能运用这些写作方法。

**板书设计**

桥

环境描写：渲染气氛

设置悬念：引起兴趣

舍己为人、高风亮节

**教学反思：**《桥》是谈歌先生的一篇小小说，故事情节感人，矛盾冲突集中，成功地塑造了一个老共产党员的光辉形象。课文讲述的是一天黎明，一个村庄突遭洪水侵袭，一百多人无路可逃，都疯了似的向一座木桥奔去，情况十分危急。而老汉——一位即将退休的党支部书记却站在桥头沉着冷静地指挥人们有秩序地逃生，最后他和自己的儿子被洪水夺去了生命。故事催人泪下。

课堂上，教师抓住三条线来展开教学。第一条线：以描写洪水和雨水的句子进行教学，让学生自读自悟。

“黎明的时候雨突然大了。像泼。像倒。”

“山洪咆哮着，像一群受惊的野马，从山谷里狂奔而来，势不可当。”

“近一米高的洪水已经在路面上跳舞了。”

“死亡在洪水的狞笑声中逼近。”

“水渐渐窜上来，放肆地舔着人们的腰。”

通过朗读，学生能充分感受到当时情况的危急，对人们当时的恐惧之感的体会更深刻。在这样危急的时刻，老汉的出现也就成了必然。这一部分的教学为下一部分奠定了基础。

第二条线：抓住老汉的言行来展开教学，让学生自批自悟。

“有人喊了一声：‘党员也是人。’”

“老汉冷冷地说：‘可以退党，到我这报名。’”

“老汉突然冲上前去，从队伍里揪出一个小伙子，吼道：‘你还算是个党员吗？排到后面去！’老汉凶得像只豹子。”

“老汉吼道：‘少废话，快走。’他用力把小伙子推上木桥。”

通过反复朗读这三组句子，透过老汉的语言、神态、动作等描写，引导学生体会老汉作为一名共产党员舍己为人的高尚品质，以及老汉面对洪水时的果断、冷静。接着再通过配乐朗读，渲染升华情感，使学生感悟到老汉的大公无私，感悟到老汉作为一个父亲对儿子的爱，继而理解课文题目的深刻含义。

第三条线：体会文章在表达方面的特点。

通过初读时可能产生的疑问和最后揭示老汉和小伙子的关系，引出“设置悬念”的写作方法。再通过对原文的改编，把提前介绍人物和原文比较，小组讨论哪种写法好，并说出理由。

通过自读自悟，一位普通老共产党员的光辉形象已经深深地留在学生心里。面对狂奔而来的洪水，他以自己的威信和沉稳、高风亮节、果决的指挥，将村民们送上跨越死亡的生命桥。他把生的希望让给别人，把死的危险留给自己，用自己的血肉之躯筑起了一座不朽的桥梁。

# 品析词语　培养语感

## ——《蜜蜂引路》教学设计与反思

**学习目标：**1. 会认“莫、斯”等6个生字，会写“讶、谈”等9个字。2. 正确、流利、有感情地朗读课文，区别“常常”和“往常”的意思。3. 领会列宁善于观察、认真思考的特点。

**教学重难点：**认字写字，结合重点的词句有感情地朗读课文，理解蜜蜂是如何给列宁引路的。

**教学过程：**

一、直接导入，板书课题。

1. 同学们，今天我们一起学习一个小故事（出示课题：蜜蜂引路），请大家伸出小手和老师一起来写课题。

2. 相机指导书写“蜂”“引”。“蜂”跟我们以前学过的哪一个字很相似？（锋、峰。）“蜂”是什么偏旁？这说明和什么有关？（昆虫。）写“蜂”的时候两部分要紧凑一些。写“引”的时候，两部分要分开一定的距离，最后一竖不要靠左边太近，又不能太远，这样写起来才比较好看。

3. 齐读课题，质疑课题。

二、整体感知，学习生字词。

1. 教师范读课文，要求学生认真听，注意老师是怎样停顿的。

2. 学生自由朗读课文，要求读准字音，读通句子，长句子或难读的句子多读几遍。

3. 出示带音节的生字，指名读。出示不带音节的词语，开火车认读。

4. 指导读好难读的句子。

◆1922年，列宁住在莫斯科附近的一座小山上。

◆当地有个养蜂的人，列宁常常派人去请他来谈天。

◆可是往常派去找他的人到莫斯科去了，别人都不知道他住在哪里，列宁就亲自去找。

5. 在田字格中指导书写“派”，提示四个撇的变化：两个平撇不宜太长，竖撇勿忘先竖后撇，右边的小撇宜短。学生练习书写“蜂”“引”“派”，描红一个，写一个。

三、学习课文，朗读感悟。

1. 指名读第一自然段，说说列宁的住处。教师板画：小山、房子。列宁和养蜂人的关系怎样，你从哪个词看出来的？（“当地有个养蜂的人，列宁常常派人去请他来谈天。”）用换词语的方法体会理解“常常”。

2. 学习课文第二自然段。

（1）学生自由朗读第二自然段，边读边想：列宁为什么亲自去找养蜂人？

（2）交流体会。出示句子：“可是往常派去找他的人到莫斯科去了，别人都不知道他住在哪里，列宁就亲自去找。”抓住“亲自”体会列宁遇到困难不退缩，而是想办法解决问题。

用换词语的方法体会理解“往常”。比较句子：两个带点的词意思一样吗？

列宁常常请养蜂的人来谈天。

往常派去找他的人不在，列宁只好亲自去找。

（3）拓展练习。

3. 列宁亲自去找养蜂人，找到了吗？他是怎样找到的？默读课文第三自然段。

（1）交流列宁是怎样找养蜂人的？（一边走，一边看；仔细观察。）抓住重点词体会列宁善于观察和思考的特点。

（2）想象列宁边观察边在想什么？相机板画花丛、蜜蜂、园子、小房子。指导朗读，读出列宁的仔细看、认真想。

（3）列宁找到养蜂人了吗？你从哪句话看出来的？

出示“列宁走到那所房子跟前，敲了敲门，开门的果然就是那个养蜂的人”。联系上下文理解“果然”。

4. 自由朗读第四自然段，再通过分角色朗读，体会养蜂人的惊讶和列宁的高兴。认识生字“讶”。

5. 蜜蜂真的会给人引路吗？列宁是怎样利用蜜蜂做向导找到养蜂人的？引导学生回到第三自然段，再次朗读感悟列宁的善于观察和思考。

四、总结拓展。

今天，我们学了一个小故事，名字叫《蜜蜂引路》，主要写的是列宁的故事。我们来认识一下列宁。（出示列宁的图像和简介）这就是列宁，他曾任苏联总理，建立了世界上第一个社会主义国家，他是一位非常伟大、了不起的人物。课后，同学们可以搜集有关列宁的小故事来读一读。

**板书设计**

蜜蜂引路

小山

房子

**教学反思：**这是一篇很简短的课文，生字较少，难度不大，所以在课前预习时，学生要标出要求会认的生字，并联系上下文多读几遍由生字组成的词语，读准字音，感知字义。再通过课上的巩固检查，学生们能够很好地掌握本课的生字词。

《语文课程标准》倡导自主、合作、探究的学习方式，要求教师在教学过程中，注意爱护学生的好奇心、求知欲，充分激发学生的主动意识和探究精神。教学中，教师通过指导学生换词比较来理解“常常”“往常”“讶”等词语的意思。再通过画简笔画，引导学生思考列宁边观察边推想到了什么，从而体会列宁在解决问题中注意观察、善于思考、敏锐判断的特点。

整堂课重视朗读训练与指导，通过教师的范读、学生自读、比赛读等多种形式的练习，指导学生读出感情，把课文变成有声的言语，让学生受到教育和感染。例如在指导朗读第四自然段时，教师指导学生抓住关键词，理解它的意思，体会它的情意，再配上动作、带上表情，读出轻重缓急、抑扬顿挫，使学生读出真情实感，在读中品味文字、训练语感。

# 借助关键词句　体悟母亲伟大

——《慈母情深》教学设计与反思

**学习目标：**1. 认识本课新词语，掌握多音字“龟”，通过交流和借助图片理解“龟裂”这个词语。2. 通过文中对场景的细节描写，体现母亲工作环境的恶劣；抓住关键语句“三叹母亲”和四个“立刻”体会母亲的挣钱不易；面对“我”要钱买书，母亲却毫不犹豫，从而体现母亲对我的爱。

**教学重难点：**通过文中对场景的细节描写，体现母亲工作环境的恶劣；抓住关键语句“三叹母亲”和四个“立刻”来体会母亲的挣钱不易；面对“我”要钱买书，母亲却毫不犹豫，从而体现课文的主题——慈母情深。

**教学过程：**

一、导入新课，整体感知。

1. 板书课题，请学生齐读课题。

2. 初读课文，掌握生字词。要求：读准字音，了解课文主要内容。

3. 出示词语，检查认读情况。

失魂落魄、压抑、颓败、褐色、疲惫、耽误、龟裂、权利。

指导读准多音字“龟裂”的读音，并请同学们说一下对“龟裂”的理解，出示图片，加深认知。

4. 随文识字，出示句子，请同学读准确。

“七八十台破缝纫机发出的噪声震耳欲聋。”

二、品析词句，理解课文。

“七八十台破缝纫机发出的噪声震耳欲聋。”

1. 这就是母亲工作的环境，请用一个词语来形容——震耳欲聋。理解“震耳欲聋”：请同学们在文中寻找感受到噪声震耳欲聋的句子。

2. 引导学生读好文中人物的大声对话。老头的大声嚷、我的大声说、母亲的大声问、女人探过身大声喊以及母亲的大声回答，其原因都归结为：“七八十台破缝纫机发出的噪声震耳欲聋。”引导学生反复朗读这些句子，感受母亲工作环境的恶劣。

3. 还能从哪些地方感受到母亲工作的环境很恶劣？出示第七自然段，同学们默读课文批注感受并交流。

三、抓住重点句子，体悟表达特点，感受母亲的疲惫与艰辛。

1. 创设情境：“我”在如此潮湿、阴暗、拥挤的环境中寻找着母亲，“我”穿过一排排缝纫机，走到那个角落，看见一个极其瘦弱的脊背弯曲着，头凑到缝纫机上，“我”终于找到了我的母亲。

2. 出示句子，学生自由练习朗读。

“背直起来了，我的母亲；转过身来了，我的母亲；褐色的口罩上方一双眼神疲惫的眼睛吃惊地望着我，我的母亲的眼睛……”通过阅读，引导学生发现句子使用反复手法的表达特点。（“我的母亲”反复出现了三次。）

3. 对比句子，说体会。

谁的背直起来了？（我的母亲的背直起来了。）谁转过身来了？（我的母亲转过身来了。）谁的眼睛吃惊地望着我？（我的母亲的眼睛吃惊地望着我。）按大家的理解，句子应该是这样的：我的母亲，背直起来了，转过身来了，褐色的口罩上方一对眼神疲惫的眼睛吃惊地望着我……

4. 聚焦文段，就像电影中的慢镜头回放一样，请大家放慢速度边读边想象画面，感受母亲的疲惫。

5. 教师引导想象：背直起来了，我看到了母亲的背是（弯曲的、消瘦的……）；转过身来了，我看到了母亲的脸，那张脸（苍老、消瘦、布满皱纹……）；褐色的口罩上方，我看见了母亲那双眼睛（布满血丝、疲惫不堪……）。“我”的母亲竟是如此地疲惫、憔悴，学生再次齐读感受母亲的疲惫。师生合作读，放慢速度，体悟情感。

6. 如果说这是描写母亲的慢镜头，那么文中有没有描写母亲的快镜头呢？请快速浏览课文，画出相关句子。出示带有四个“立刻”的句子，感受母亲工作的忙碌与辛苦。

“母亲说完立刻又坐了下去，立刻又弯曲了背，立刻又将头俯在缝纫机板上了，立刻又陷入手脚并用的机械忙碌状态……”从这句话中你体会到了（母亲的忙碌、母亲着急干活……）。从哪个词体会到的？找出“立刻”的同义词，并用同义词替换“立刻”。

母亲说完赶紧又坐了下去，马上又弯曲了背，立即又将头俯在缝纫机板上了，迅速又陷入手脚并用的机械忙碌状态……对比句子，朗读句子，谈谈你的感受，体会母亲工作的忙碌、辛苦。

7. 通过“塞”体会母亲在生活如此艰苦的情况下对我读书的支持。母亲就是如此忙碌地工作着，母亲一个月挣多少钱？（二十七元），每天（九毛钱），我要（一元五角），相当于两天工资，是全家人三四天的生活费。即使这样，当我向母亲要钱时，母亲是怎么做的？找出带有“塞”的句子，朗读，体会母亲拿钱给我买书时的毫不犹豫。

8. 母亲在如此恶劣的环境中，如此辛苦地工作，却依然支持我读书。此时你的心情如何？（伤心、难过、想哭、心疼……）这些心情混杂在一起，怎能不叫作者——鼻子一酸，从而也让我们体会到了——慈母情深。

四、拓展小练笔。

你的生活中有没有让你鼻子一酸的时刻，想一想，写下来。

**板书设计**

慈母情深

龟裂的手

皱皱的毛票　辛苦、劳累

疲惫的眼神

**教学反思：**《慈母情深》这篇课文中，作者“我”在少年时代渴望得到一本心爱的长篇小说，想得失魂落魄。贫穷辛劳的母亲不顾同事的劝阻，用龟裂的手指掏出了一大把毛票，毫不犹豫地给钱让“我”买书。“我”深感不安，就用这一元五角钱给母亲买回来一听水果罐头，结果遭到母亲的一顿数落。最后母亲又凑齐了一元五角，作者拥有了平生第一本小说。从这件日常生活小事中，作者写出了深沉的母爱。文章通过描写母亲支持儿子读书的事，歌颂了伟大而无私的母爱，表达了母子之间的情深似海。

教学中，教师引导学生通过对表现慈母情深的重点句子进行讨论交流，体会母亲挣钱的艰难，感悟慈母情深，以句带篇、以点带面，既培养了学生的语言组织能力、归纳能力，又有效地突破了教学中的难点。教师营造了自主、合作、平等的良好学习氛围，激励学生自主参与学习，积极开展讨论与交流。学生在的交流中碰撞出思维的火花，在切磋中激发出创新的灵感，感受语言文字的魅力。抓住“龟裂的手”“皱皱的毛票”“疲惫的眼神”“塞”等词语和两个细节描写的句子“背直起来了，我的母亲；转过身来了，我的母亲；褐色的口罩上方……我的母亲”“母亲说完，立刻又坐了下去，立刻又弯曲了背……立刻又陷入了忙碌”，体会慈母的憔悴、瘦弱、疲惫不堪、辛苦劳累，母亲挣钱竟是如此的不易，然而当儿子要钱买书时，母亲却毫不犹豫地一塞，“这，塞的仅仅是钱吗”？学生把自己对课文内容的理解，对课文中这位母亲的崇敬纷纷表达出来——这塞的是母亲的汗水、母亲的辛劳、母亲的宽容、母亲的疼爱，慈母的深情深深地烙印在了学生的脑海。

教师引导学生品读文中场景和语言等细节描写，通过品读对母亲工作环境恶劣的描写，体会母亲挣钱的不易，然而面对“我”要钱买书，母亲却毫不犹豫，从而感受慈母情深。

教学注重以学生为本，以读为本。阅读是学生的个性化行为，教师要大胆放手，让学生在自主学习、自主感悟、合作交流中获得独特的感受和体验，升华情感，提高阅读能力。通过指导学生有感情地朗读描写母亲的外貌、语言、动作和神态的句子，体会平凡母亲的伟大，感受伟大的母爱，激发热爱母亲的思想感情。

# 读注释资料　解诗意诗情

## ——《示儿》教学设计与反思

**学习目标：** 1. 会写生字“祭、乃”。2. 能够有感情地朗读课文，背诵课文。3. 结合题目、注释和相关资料，理解古诗内容，体会诗人的爱国之情。

**教学重难点：** 结合注释和相关资料，理解古诗内容，体会诗人的爱国之情。

**教学过程：**

一、播放图片，情境导入。

1. 在一个风雨交加的夜晚，一间简陋的茅草屋里，烛光闪烁，忽明忽暗。床上躺着一位头发花白的老人，他真切地感到自己将不久于人世。于是，他把儿子叫到床前，用微弱的声音交代遗嘱。这遗嘱就是《示儿》，这位老人就是陆游。

2. 学生交流课前查阅的资料，说说对陆游的了解。陆游是一位伟大的爱国诗人。他出生在战乱纷飞的年代，一生都在渴盼祖国的统一。临终之际，躺在病榻上的他写下了流传千古的人间绝唱——《示儿》。理解题目：“示”是什么意思？“儿”又是什么意思？如何理解题目的含义？陆游要告诉他的儿子什么呢？我们一同来读读这首诗。

二、初读古诗。要求：读准字音，读通诗句。

三、再读古诗，了解诗意。

1. 朗读古诗，不仅要把诗句读准确、读通顺，读出诗的节奏和韵律，还要读懂其中的意思。请同学们结合自己课前搜集的资料，结合注释，先自己试着理解诗句的意思。（提示：默读古诗，借助注释、工具书，联系以前学习古诗的方法等。）

2. 学生交流、讨论。指名学生汇报交流诗句的意思。引导理解“元”“万事空”“但”“九州”“王师”“定”“家祭”“乃翁”等词的意思。

祭：祭拜祖先。　乃翁：你们的父亲。

3. 指导书写生字“祭”。与“察”进行比较，深化记忆。

4. 把这些词句的意思放到诗句中，再连起来说说诗句的意思，从而理解整首诗的意思。

5. 走进诗人的内心，去揣摩诗中所蕴含的情感。请大家再次齐读古诗，用一个字来表达自己读完古诗后的感受。（板书：悲。）

四、品读古诗，感悟诗情。

1. 诗人为什么而悲？为祖国不能统一而悲。

2. 国家破碎，人们过着怎样的生活？拓展补充资料：1126年，当金兵的铁蹄踏破宋朝的京城卞梁的那一刻起，诗人陆游就和所有的人一样过着这种苦难深重的日子。面对此情此景，思考诗人在为谁而悲？人民流离失所。

3. 出示诗句，指导朗读：“遗民泪尽胡尘里，南望王师又一年。”沦陷区的百姓在金人的铁蹄下痛苦呻吟，他们的泪水已经流干了，他们多么想回到祖国的怀抱啊，然而年年盼望王师北伐，年年都注定失望。请同学们将这种悲伤、失望放到诗句中读一读。

4. 拓展资料，体会情感，指导朗读。中原的恢复、祖国的统一，靠谁呢？那些受苦受难、欲哭无泪的百姓需要谁去拯救他们于水深火热中呢？可此时的王师在做什么呢？播放视频资料：北方的壮丽山河沦陷了，而南方西湖边却是一片歌舞升平的景象；北方的老百姓在金兵的欺压下度日如年，可西湖上的权贵们却在歌舞中昏昏度日；北方的老百姓盼望收复中原的军队，望眼欲穿，可南宋末年的统治者却终日寻欢作乐，早已将失地与遗民忘到九霄云外。此时此刻，你想说什么？陆游想到这些忘了国仇家恨的统治者，心里除了悲伤、悲痛外，还有什么？读出诗人的悲愤。

5. 创设情境，引读：因为爱国，看不到大宋统一，陆游遗憾啊，齐读一二句；因为爱国，想到那些望眼欲穿的百姓，陆游悲痛啊，齐读一二句；因为爱国，想到那些花天酒地、苟延岁月的南宋权贵们，陆游悲愤啊，再读一二句。

6. 品读三四句，感受“盼之深”。这样的南宋王师做不了什么，但此时陆游还是放心不下自己的祖国，哪怕只有一丝希望。这都源于他有一颗拳拳爱国心。请同学们朗读三四句，从这两句诗中你感受到了什么？假如你就是陆游，你会怎样交代儿女呢？再读诗句。

五、练习背诵。

六、教师小结，升华情感。

陆游从小就受到爱国主义思想熏陶，虽然他一生历经坎坷，但他收复中原的信念始终未变。陆游虽然离开了，但他把自己至死不渝的爱国精神留给了儿子，也留给了每一位炎黄子孙。让我们铭记历史、立志勤学、报效祖国，让我们怀着更多的思考走向未来的人生。

**板书设计**

示儿

借助注释

联系上下文

至死不渝的爱国精神

**教学反思：** 陆游是南宋爱国诗人，毕生从事抗金和收复失地的正义事业，虽然屡遭投降派排挤、打击，但他的爱国热情始终没有消减。《示儿》是诗人临终前写给儿子的遗嘱，表达了诗人至死念念不忘北定中原、统一祖国的深挚、强烈的爱国激情。这首诗用笔曲折，情真意切地表达了诗人临终时复杂的思想情绪，既有对抗金大业未就的无穷遗恨，也有对神圣事业必成的坚定信念。全诗有悲的成分，但基调是激昂的。诗的语言浑然天成，没有丝毫雕琢，全是真情的自然流露，但比着意雕琢更美、更感人。

《义务教育语文课程标准》第三学段目标中，有这样的要求：阅读诗歌，大体把握诗意，想象诗歌描述的情境，体会诗人的情感。单元导读也要求：结合注释和相关资料，了解诗句的大意，体会诗人的爱国之情。据此，形成了《示儿》这首古诗的教学的思考与做法。

首先，古诗年代久远，学生理解起来有难度，因此课前布置预习作业，让学生查找资料，重点查阅了解陆游当时所处的时代背景，借助背景资料更好地理解诗意。古诗的语句浓缩、成分省略是学生理解古诗的障碍，教学时在指导学生读通诗句的基础上，结合课后题，帮助学生读懂题目，并通过阅读注释等方式理解古诗大意，做到举一反三，学以致用。在此基础上，再指导学生读出停顿、读出节奏，为有感情朗读背诵做准备。

在初读的基础上，教师从题目入手，让学生了解这首诗是陆游临终前写给儿子的，借助注释明确“王师”“家祭”“乃翁”的意思，逐步理解诗歌的字面意思，再引导学生读出节奏，使学生在理解诗歌大意的同时，也能对陆游的爱国情感有所领悟。

由于时代原因，学生对诗句的理解还停留在表面，对诗中传达的爱国情感体会不够深刻，如何做到有情有思，读出情感？在理解“但悲不见九州同”这句诗蕴含的悲愤之情时，教师适时结合作者陆游的人生经历以及北宋灭亡的具体资料，帮助学生理解诗的含义。

古诗的留白多，想象空间大，能够为学生提供想象空间，教师要创设具体的情境，让学生的情感与生活经验相连，融入文本，用自己的心灵与文本对话。结合整首诗的内容，创设情境引导学生展开想象。如陆游写这首诗时的状态、神情、心理活动，引导学生与诗人产生共鸣，理解他对祖国执着、深沉、热烈、真挚的爱，对收复失地、平定中原的殷切希望。要让朗读贯穿始终，使学生在把握情感基调的基础上，达到有感情地朗读、熟练背诵的目标。

# 在想象中训练创造性复述

——《猎人海力布》教学设计与反思

**学习目标：** 1. 能正确、流利、有感情地朗读课文，概括课文的主要内容。2. 边读边想，想象故事的情境，创造性地复述故事。3. 能从海力布舍弃生命拯救乡亲们的感人故事中受到教育，对故事中的人和事有自己的体会。4. 对阅读民间文学产生兴趣，热爱民间文学。

**教学重点难点：** 边读边想，想象故事的情境，创造性地复述故事。

**教学过程：**

一、导入。

同学们，你们读过哪些民间故事？今天我们一起走进中国民间故事《猎人海力布》。板书课题，齐读课题，题目质疑。

二、初读课文，理清文章结构。

1. 自由朗读课文，要求读正确、流利。小组内各成员分自然段接读，检查读书情况。

2. 整理读不准的词条及阅读课文时产生的困惑。

3. 指导学生抓住故事的起因、经过、结果概括课文的主要内容，理清文章结构。

三、研读课文。

1. 小组合作学习。出示学习提示：（1）默读课文，边读边画出描写海力布优秀品质的句段，并批注自己的体会。（2）小组内交流作者是如何将这些优秀品质写具体的？试着有感情地朗读课文。

2. 根据问题，交流学习所得。

（1）在文中找出对海力布和小白蛇的语言描写，说一说，从中可以看出海力布是个怎样的人？板书：善良、为他人着想。

（2）仔细阅读海力布跟乡亲们说的话，从中可以看出他是个怎样的人？板书：舍己为人。

四、练习复述。

这篇文章故事性很强，我们要把故事讲给别人听，就需要进行创造性的复述。怎样进行创造性的复述呢？请同学们想一想。学生讨论，并表达自己的想法。创造性复述就是根据原文内容的主要情节，展开合理的想象，补充人物的语言、动作、心理等。自由练习创造性复述。指名复述，评价指导，再次复述。

五、总结。

作者抓住人物的语言、动作、心理描写，刻画出了猎人海力布热心助人、见义勇为、舍己救人的英雄形象。

六、作业。

读课文，继续创编故事。当乡亲们逃离洪水灾难后，他们会想到什么？会说些什么？把你想到的写下来，交流、点评。

**板书设计**

猎人海力布

起因：救白蛇得宝石

经过：劝乡亲们搬家　善良　舍己为人

结果：变成了石头

**教学反思：**《猎人海力布》是一则在内蒙古自治区流传的民间故事。故事中善良、诚实的海力布，为了拯救乡亲们的生命，变成了一块石头。人们因此世世代代纪念他。这则故事虽然篇幅较长，但语言通俗易懂，围绕海力布舍己救乡亲的中心事件，层层铺垫，寓理寓情于故事中，给人强烈的感染和教育。本单元的单元训练要素是：了解课文内容，创造性地复述故事。要想创造性地复述故事，首先要了解课文内容。因此，教师把概括课文内容作为本课的教学重点，把创造性地复述故事作为本课的难点。

以读代讲，厘清故事的起因、经过和结果，概括故事内容。文章篇幅较长，教师先让学生用自己喜欢的方式来读，把课文读正确、读流利。然后默读课文思考：海力布是怎样得到宝石的？宝石有什么用处？海力布得到宝石后，有什么事情不能做？他后来遇到了什么事？他是怎么做的？学生带着这些问题阅读课文并在文中找出答案。在问题的引领下，学生弄清楚了故事的起因、经过和结果，理清了文章的脉络。然后，教师再指导学生借助故事的起因、经过和结果来概括课文的主要内容。

教师要提供展示的平台，鼓励学生依托故事的主要内容结合教师提出的问题，抓住人物的语言、动作、神态等方面的描写，拓展思维，展开想象，练习创造性复述故事。

# 品味动作语言　揣摩人物内心

## ——《爬天都峰》教学设计与反思

**学习目标**：1. 认识“陡、链”等6个生字，会写“仰”字。2. 能正确、流利、有感情地朗读课文，重点指导读好对话，体会不同人物的语气和心情。3. 了解课文的主要内容，体会“我”和老爷爷相互鼓舞、坚定信心战胜困难的过程，学习从别人身上汲取力量。

**教学重难点**：读好对话，体会不同人物的语气和心情。体会“我”和老爷爷相互鼓舞、坚定信心战胜困难的过程，学习从别人身上汲取力量。

**教学过程**：

一、导入新课。

同学们，二年级上学期我们学习了一篇课文《黄山奇石》，了解了黄山的雄奇秀美，今天，老师带大家一起走进黄山三大奇峰之一的天都峰。板书课题《爬天都峰》。学习多音字“都”。

二、自读课文，学习生字，整体感知。

1. 请同学们自读课文，要求：读准字音，句子读通顺、流利，思考：课文主要写了谁爬天都峰？

2. 检查生字词。指名读、齐读。出示课件，图文结合认识鲫鱼背：天都峰最险处，它是一道长十几米，宽不到一米的狭长光滑的石脊，石脊两旁是万丈深渊。

3. 重点指导书写“仰”字，提示“辫”“苍”两个易错字的笔画。

三、深入研读课文。

1. 通过读课文，你知道在假期里，谁来爬天都峰了呢？结果是什么呢？指导学生借助课题简单概括课文主要内容。根据课题概括课文内容就是把课题扩展成一句完整的话，这是归纳课文主要内容的一种方法，希望同学们在以后的学习中能够灵活运用。

2. 天都峰给你留下了怎样的印象？高和陡。默读课文第二段，找出描写高和陡的句子，指导朗读。天都峰海拔1800多米，老师估算了一下，差不多相当于我们学校150个4层的教学楼这么高，读出它的高。这么高的天都峰，石级边上的铁链像是从天上挂下来的，读出它的陡。望着又高又陡的天都峰，“我”心里是怎样想的？指导读出害怕。

在这样险峻的天都峰脚下，最不适合爬这座山的两类人相遇了。课件出示句子，品读体会。“小朋友，你也来爬天都峰？”老爷爷为什么会这样问？指导读出老爷爷惊讶的语气。“我”看到老爷爷又是怎么样的反应呢？出示对话，分角色朗读。

3. 自由朗读课文的第六、第七段，看看“我”是怎样爬的？画出相关的句子。联系上下文，体会“奋力”是拼尽全身力气的意思。那你能想象一下老爷爷是怎样向上爬的吗？拓展练习说话。

4. 他们爬呀爬，终于爬上了天都峰顶。你从“终于”中体会到了什么？带着体会再读。

四、品情感，谈感受。

1. 爬上天都峰以后，“我”和老爷爷为什么要互相道谢呢？课件出示：老爷爷为什么说是“我”的勇气鼓舞了他？你从“居然”这个词语中体会出了什么？爸爸为什么说这一老一小真有意思呢？你从中又体会到什么？

2. 总结：在人与人的相处中，我们要相互学习、相互鼓励，共同进步，相信再大的困难都能克服！

**板书设计**

爬天都峰

险<br>高　互相鼓舞、汲取力量<br>陡

**教学反思：**《爬天都峰》这篇课文描写的是在暑假里，“我”和爸爸去爬天都峰，路遇一位素不相识的老爷爷，我们互相鼓励，克服山高路陡的困难，终于一起爬上了天都峰的故事。

在教学这一篇课文时，教师主要从下面几个方面着手：抓住关键词句突破教学重难点。这一课的重点是“我”爬天都峰的过程，难点是读懂最后一段中爸爸的话：“你们这一老一小真有意思，都会从别人身上汲取力量！”在教学过程中，教师抓住天都峰的“高”和“陡”这两个特点，通过对“啊，峰顶这么高，在云彩上面哩！”及“石级边上的铁链似乎是从天上挂下来的”等句子，结合观看天都峰的录像资料，让学生理解天都峰的“高”和“陡”，以及爬天都峰的艰难和不易。接着以爬山的前后为线索，找出描写爬山前“我”的所思所想、爬山中“我”和老爷爷艰难攀登、爬上山后我们的喜悦心情等词语、句子，引导学生理解体会其中蕴含的情感。在指导学生理解的过程中，教师紧紧抓住描写小女孩和老爷爷爬山时动作的词语“奋力”“爬呀爬”等体会爬山的艰难。从小女孩和老爷爷的两次对话中，抓住“居然”“也要……才……”等语句来理解体会小女孩和老爷爷从对方身上汲取力量的精神，突破教学难点。

本篇课文具有丰富的情感性，情可以感人，情可以育人，同时能给人以启迪。在教学中，教师还把重点放在朗读感悟上，以

读促思，以思促说，以说促情。在体会天都峰的“高”和“陡”这两个点时，教师让学生对第二段进行形式多样的朗读，在读中体会天都峰的高和陡。如通过“峰顶这么高，在云彩上面哩！”体会天都峰的高；通过“挂”等词语体会天都峰的陡。引导学生充分地朗读“我”和老爷爷的两次对话，揣摩“我”和老爷爷各自内心的复杂心情，想象他们的思想起伏和斗争，体会他们是怎样从对方身上汲取力量的。在指导朗读的过程中，再抓住“一会儿……一会儿”“终于”等这些重点词句进行反复朗读体会，让学生联想“我”和老爷爷登山的艰难，以及他们是怎样互相鼓励和从对方身上汲取力量的，体会奋力攀登、勇往直前的精神。学生了解了这一点，就会明白，两个人爬上天都峰之后为什么会互相道谢，也更容易理解爸爸说的话了。

# 整本书阅读

《中国学生发展核心素养》总体框架中，人文底蕴排在首位。人文底蕴主要是学生在学习、理解、运用人文领域知识和技能等方面所形成的基本能力、情感态度和价值取向，具体包括人文积淀、人文情怀和审美情趣等基本要点。所谓具有人文底蕴的人，就是指具有高境界的人文精神、丰富的人文情感、坚定的人文信念和普遍的人文关怀的人。人文底蕴代表了人的内在素质和文化涵养，是人的情感、意志、审美、个性气质、价值取向、行为习惯等品质的重要表征。

著名学者朱永新说过："一个人的精神发育史，就是他的阅读史；一个民族的精神境界，取决于这个民族的阅读水平。"人的精神成长，是与阅读紧密连接在一起的。阅读中潜藏着深厚的人文内涵，透过文字，学生可以汲取丰富的精神养分。童年是一段由浪漫到精确、由粉红到天蓝的彩色阶梯。教师要引领学生浸润书香，养成良好的读书习惯，丰富学生的人文积淀，塑造学生浓厚的人文情怀，增强学生的审美情趣，为学生的人文底蕴核心素养的形成涂抹一道亮丽的底色。

"半亩方塘一鉴开，天光云影共徘徊，问渠那得清如许？为有源头活水来。"书籍是培养学生人文底蕴核心素养真正的源头活水，是学生人文底蕴核心素养的根。整本书阅读是相对于现行小学语文教科书中单篇课文的阅读而言的，其所提供的阅读材料的长度、宽度与厚度，是单篇文章阅读所无法实现的。整本书阅读课程是以儿童文学整本书为阅读材料，通过有效的阅读指导和班级读书会这一组织形态实施的一门课程。《义务教育语文课程标准》指出：“要重视培养学生广泛的阅读兴趣，扩大阅读面，增加阅读量，提高阅读品味。提倡少做题，多读书，好读书，读好书，读整本的书。”在小学语文课程中，应明确整本书阅读的位置，不仅要注重推荐、注重指导，更要注重阅读成果的分享与交流，形成对整本书阅读意义与价值的深刻认识。

教师利用班级阅读课，引领学生进入整本书阅读。在此过程中，学生能初步了解作品的文学形式，学习文学阅读的方法；把握作品的主要内容和主题内涵，通过对作品细节的深层次阅读，获得丰富的情感体验和语言积累；敢于发表自己独特的阅读见解，学会接纳和理解别人的不同观点；与同伴合作，对相关主题进行研究性学习，丰富自己的阅读体验，并获得情感的润泽和精神的滋养。

# 用表格巧对比　读故事明特点

## ——《田螺姑娘》阅读展示课教学设计与反思

**学习目标：** 1. 利用本单元学到的快速阅读方法继续训练快速阅读，提高阅读速度。2. 借助思维导图，练习创造性复述故事。3. 梳理、交流、总结阅读民间故事的方法，借助表格对比阅读中国四大经典民间故事，明确民间故事的特点。4. 激发课外阅读兴趣，运用学到的方法继续阅读其他民间故事。

**教学重难点：** 1. 梳理、交流、总结阅读民间故事的方法，借助表格对比阅读中国四大经典民间故事，明确民间故事的特点。2. 运用学到的方法继续阅读其他民间故事。

**教学过程：**

一、导入。

同学们，我们在第三单元学过哪些民间故事？什么是民间故事？指名学生交流，教师总结：民间故事是劳动人民创作并传播的文学作品，通过口耳相传的方式流传下来。劳动人民在劳作间隙，坐在田埂上或大树下，围在油灯旁，津津有味地分享着这些故事。社会发展到今天，大多数人都远离了从前的生活方式，坐在一起讲故事的情景越来越难见到。我们今天了解民间故事的方式，不再是坐在月亮、大树下听长辈娓娓道来，而是自己阅读书籍。

二、交流梳理阅读方法。

我们应该怎样阅读，才能从中汲取更多的营养，才能更富有智慧呢？指名学生交流：做批注、写读后感，绘制连环画、故事路线图、思维导图……

三、同桌交流，教师总结梳理阅读方法。

四、指名交流展示。

教师总结点评：借助思维导图、阅读批注、故事路线图、连环画、读后感等内容，我们可以深入一本书，了解故事的内容与主题。同学们在今后的阅读中可以继续运用这些方法，阅读更多的书籍。

五、了解中国四大民间故事。

流传最广、影响最大的中国四大民间故事是哪四个？试着从下面几个民间故事中选出来，并说说理由。

六、阅读发现之旅。

1. 回顾第二单元学习的快速阅读方法：集中注意力，尽量连词成句地读；带着问题边读边想，抓住关键词句及时捕捉有用的信息。

2. 快速浏览《白娘子》《孟姜女》《梁山伯与祝英台》这三个故事，完成表格。

| 题目 | 男主角 | 女主角 | 干预者 | 结局 | 神秘之处 |
| --- | --- | --- | --- | --- | --- |
| 牛郎织女 | 牛郎 | 织女 | 王母娘娘 | 鹊桥相会 | 老牛说话<br>披上牛皮能飞<br>鹊桥相会 |
| 白娘子 | | | | | |
| 孟姜女 | | | | | |
| 梁山伯与祝英台 | | | | | |

3. 横竖对比、归纳、揣摩、体会，联系实际，发现总结民间故事的特点。先横着看，理出四大民间故事的主要内容；再竖着比较：男主角有什么共同特点？女主角有什么共同特点？干预者有什么共同特点？故事的结局有什么共同特点？这些故事有哪些神奇的地方？

男主角：老实本分，本领不太高强；女主角：美丽善良，敢于反抗，敢于追求；结局：相对比较美好，男女主人公最后都以某种形式战胜了干预者；每个故事都有神奇之处……

通过观察，引导学生发现：民间传说从生活本身出发，但又有着很多神奇的地方，这些故事表达了人们对美好生活、美好情感的追求。画表格对比阅读也是一种深入阅读的好方法。

4. 第四篇是民间风物故事，介绍中国某个地方的风土人情，我们可以制作简单的故事名片来阅读这一部分。出示故事名片。

七、拓展阅读。

民间故事存在于世界的每一个角落。欧洲各国的民间故事精彩纷呈。而在遥远的非洲大地，大家会在闲暇的时候，让一个人来领唱优美的故事，听众则伴以合唱。民间故事蕴藏了丰富的内涵，大家可以利用学到的方法继续阅读欧洲民间故事、非洲民间故事。

**板书设计**

田螺姑娘

做批注、写读后感

绘制连环画、画故事路线图

绘制思维导图、画表格……

**教学反思：**《田螺姑娘》是五年级上册快乐读书吧推荐的必读书目，精选了部分中国民间故事。整本书分为四部分，每一部分由8～10个故事组成。每一部分前面都有一个阅读指导，介绍本组故事的经典内容，提示阅读本组故事的方法与路径。

中国民间故事是我国劳动人民智慧的结晶，很多经典作品口耳相传，保持着强大的生命力和感染力。课外阅读课的形式多种多样，包含新书推荐课、阅读推进课、交流展示课等。本课为交流展示课，学生借助思维导图交流汇报自己的阅读收获，或记录故事情节，或梳理人物关系，或分析人物特点。思维导图图文并茂的讲述更是精彩绝伦。这样的设计，激发了学生的阅读兴趣，锻炼了学生的口头表达能力，发展了语言，发展了思维，很好地落实了创造性复述故事的教学目标，实现了课外阅读课程化。

在最后一个环节中，教师借助表格聚焦中国四大经典民间故事，让学生运用本单元学到的快速阅读方法阅读故事并完成表格，通过横向、纵向对比，引导学生归纳、揣摩、体会，梳理总结出民间故事的特点：男主角相对老实本分，本领不太高强；女主角大多美丽善良，敢于反抗，敢于追求；结局相对比较美好，男女主人公最后都以某种形式战胜了干预者；每个故事都有神奇之处等。这节课不仅教给了学生阅读民间故事的方法，更重要的是，激发了学生阅读民间故事的兴趣与热情。

# 欣赏精彩篇章　感受惊险神奇

## ——《海底两万里》阅读交流课教学设计与反思

**学习目标：** 1. 指导学生阅读名著，抓住环境、人物、情节。2. 分析《海底两万里》科学与幻想相结合的特点，感受小说中精彩的人物与故事，体验海底世界的美丽、神奇和惊险。3. 激发学生展开幻想的热情及阅读科幻小说的兴趣。

**教学重、难点：**1. 学习并运用学到的阅读方法，养成良好的阅读习惯。2. 进一步理解科幻小说的特点，尤其是它的科学性和幻想性。3. 学习小说中精彩的人物、情节和环境描写，并在自己的习作中运用。

**教学过程：**

一、导入。

同学们，上节课老师向大家推荐了一本书——《海底两万里》（板书：海底两万里）。相信大家在阅读的过程中一定有许多想法与感受，接下来，老师要考考你们：读一本书，首先要了解哪些内容？指名学生回答，教师总结并板书：作者、背景、主要内容、主要人物。

二、简要介绍名著。

1. 了解作者。

2. 课件出示作者儒勒·凡尔纳的简介，指名读。

儒勒·凡尔纳（1828—1905），19世纪法国作家，著名的科幻小说和冒险作家，被誉为“科学幻想小说之父”，曾写过《海底两万里》等著名书籍。代表作为三部曲《格兰特船长的儿女》《海底两万里》《神秘岛》。

凡尔纳的故事生动幽默、妙趣横生，能够激发人们尤其是青少年热爱科学、向往探险的热情，一百多年来，深受世界各地读者的欢迎。联合国教科文组织的资料表明，凡尔纳是世界上作品被翻译最多的十大名家之一。

3. 交流分享小说的主要内容。

用简洁的语言介绍《海底两万里》这本书的主要内容。小组内交流，指名同学展示交流。

4. 梳理书中的主要人物：小说中的四个人物。

尼摩——鹦鹉螺号船长

阿龙纳斯——生物学者、教授

康塞尔——教授仆人热衷分类

尼德·兰——捕鲸手、加拿大人

5. 初步感知故事的特点。

凡尔纳科幻世界中的海底给你留下了怎样的印象？指名同学结合文中的重点段落进行分享交流，教师总结并板书：美、奇、险。

三、走进名著，欣赏精彩篇章。

1. 以“美丽画面吸引我”“奇异世界感动我”“惊险场面震撼我”为主题把你的阅读感受说出来，也可以朗读你喜欢的文字。

2. 学生交流汇报，教师及时点评总结梳理读书方法。

四、梳理交流小说的特点。

科学性；丰富的海底知识；绮丽的幻想；具备小说的特点。

五、总结激趣，深入阅读。

在凡尔纳的时代，人们还没有发明可以在水下遨游的潜水艇，甚至也没有电灯。在这样的背景下，凡尔纳在《海底两万里》中成功地塑造出鹦鹉螺号潜水艇。尼摩船长说：“人类进步的实在是太慢了。”在小说发表二十五年后，人们制造出了真实的潜水艇，与小说描写的大同小异。所以说，凡尔纳作品中的幻想以科学为依据，他所描绘的许多科学幻想在今天都得以实现。更重要的是，凡尔纳的作品幻想大胆新奇、画面逼真生动、情节惊险曲折、人物栩栩如生、结局出人意料，具有永恒的魅力。这也正是《海底两万里》这部科幻小说历经一百多年仍为广大读者所喜欢的原因。书读百遍，其义自见。请同学们带着自己的思考再次走进这本书，相信你们会有更多不一样的收获。

**板书设计**

海底两万里

美

奇

险

**教学反思：**《海底两万里》主要讲述了1866年法国生物学家阿龙纳斯带着仆人康塞尔和一个捕鲸手尼德·兰乘坐尼摩船长的鹦鹉螺号潜艇，在海底展开的两万里环球探险旅行。文章构思巧妙，情节惊险，是科学与幻想巧妙结合的成果。书中人物具有社会正义感和崇高的人道主义精神，如品质高尚、献身科学、英勇顽强、不畏艰险、反抗压迫等。

在“感知精彩篇章”环节中，教师引导学生以“惊险场面震撼我”“奇异世界感动我”等为主题谈一谈阅读感受，或是通过朗读的方式将阅读感受表达出来。精彩的语段赏析，真情的人生感悟，学生无不被书中曲折紧张、扑朔迷离的故事情节，瞬息万变的人物命运，个性鲜明的人物性格，扣人心弦的场面，丰富详尽的科学知识所打动，真正接受了一次精神的洗礼、情感的熏陶。学生读得神往，既扩大了知识面、丰富了语言积累，又开发了智力、提高了语文素养。

# 借助表格　品读童话

——《格林童话》阅读交流课教学设计与反思

**学习目标：**1. 指导学生学会借助表格读懂童话。2. 掌握读懂童话人物和道理的方法。3. 激发学生读书的兴趣。

**教学重难点**：1. 指导学生学会借助表格读懂童话。2. 激发学生读书的兴趣。

**教学过程**：

一、激发情趣，揭示课题。

1. 看图猜童话故事。出示图片：白雪公主、小红帽、灰姑娘……请同学们看图片，猜一猜它们分别描述的是哪个童话故事。这些经典的童话故事均出自《格林童话》。

2. 出示《格林童话》封面，看封面了解信息。天真可爱的小红帽、美丽的白雪公主、善良的灰姑娘、渔夫和他的妻子，以及青蛙王子等都是《格林童话》中的故事主人公。《格林童话》一直陪伴在我们每个人的身边。今天，就让我们共同走进格林童话世界，一起去感受它的美妙神奇、绚丽多姿吧。板书：走进格林童话。

二、介绍作者。

如此经典的《格林童话》是谁带给我们的呢？格林兄弟。出示图片，简介作者：这就是格林兄弟，一个叫雅科布·格林，一个叫威廉·格林，他们是德国人，德国民间流传的童话可多了，有心的兄弟俩把这些童话搜集整理成一本童话集，收录了两百多个童话故事。后人用他们兄弟俩的名字给这本童话集命名，这就是今天我们看到的《格林童话》。

三、走进格林童话故事。

刚才同学们看图片就能说出这么多格林童话故事的名字，那大家一定也非常了解里面的故事内容，老师来考考你们，你们可要听仔细，看仔细了。

1. 七个小矮人帮助了灰姑娘。（×）

2.《格林童话》中，卖火柴的小女孩是个可怜的孩子。（×）

3.《聪明的小裁缝》中，小裁缝用自己的智慧战胜了熊，娶到了美丽的公主。（√）

4.《青蛙王子》中，青蛙王子娶了国王的二女儿。（×）

5. 玫瑰公主沉睡了五十年才被一位勇敢的王子救醒。（×）

6.《丑小鸭》是《格林童话》中的一篇。（×）

7.《三根羽毛》中，最后国王最小的儿子当上了国王。（√）

8.《牧鹅姑娘》中，公主的侍女是个善良的人。（×）

9. 一只狼吃掉了六只小山羊，只有躲在挂钟壳里的最小的山羊没被吃掉，它和妈妈一起救出了那六只山羊。这个故事的名字是《狼和小羊》（√）

10. 水晶鞋是白雪公主的。（×）

四、走进《白雪公主》。

1. 看图片说故事。

2. 皇后为什么要迫害美丽的白雪公主？难道是因为她长得太美了吗？出示文段节选：“一个冬天，王后正坐在王宫里为她的女儿做针线活儿，她抬头向窗外望去，看到窗外飘飞的雪花，一不留神，针刺进了她的手指，红红的鲜血流了出来，有几滴血滴落在飘进窗子的雪花上。她若有所思地凝视着白雪上的鲜红血滴：‘但愿我小女儿的皮肤像这洁白的雪和鲜红的血一样那么艳丽，那么娇嫩，头发像这窗子的乌木一般又黑又亮！’她的小女儿渐渐长大了，她的皮肤真的就像雪一样的白嫩，又透着血一样的红润，头发像乌木一样的黑亮。所以王后给她取了个名字，叫白雪公主。但白雪公主还没有长大，她的王后妈妈就死去了。”

（1）教师配乐范读。

（2）带着自己的理解和感受，读读这段文字。

五、故事分析。

1. 用同样的方法阅读其他五个故事，然后四个同学一起合作，填写表格。

| 故事名称 | 主要人物 | 故事的开始 | 故事的结局 | 救星 | 感受或道理 |
|---|---|---|---|---|---|
| 《白雪公主》 | | | | | |
| 《十二个兄弟》 | | | | | |
| 《玫瑰公主》（睡美人） | | | | | |
| 《蜂王》 | | | | | |
| 《青蛙王子》 | | | | | |

2. 写话练习：你想对故事中的哪个人物说什么？用几句话写下来。

六、总结。

读懂一本书，要品味书中的精彩描写，并思考它表达的情感。让我们一起走进《格林童话》，走进经典童话故事。希望我们的生活充满书香，我们的身边充满童话。

**板书设计**

格林童话

主要人物

故事的开始

故事的结局

救　星

感受或道理

**教学反思：**童话故事用轻松愉快的语言文字，带给孩子丰富的精神食粮，它丰富了孩子的知识，启迪了孩子的智慧。对于中低年级的孩子来说，要激发他们的阅读兴趣，最适合的办法就是从阅读童话开始。《格林童话》是一本爱憎分明、主题鲜明的故事书，以颂扬美好、鞭挞丑恶的故事居多。其中，《灰姑娘》《白雪公主》《小红帽》《睡美人》《青蛙王子》等故事最为著名。《格林童话》这本书对培养儿童真、善、美的良好品质有积极意义，其中的每一个故事都告诉我们，只有诚实和善良才是美的体现，外在的美并不是真实的，内在的美才是最真实的、最实际的，才是真正的美的体现。

俗话说："善有善报，恶有恶报。"并非所有人都是善良的，但恶毒的人必然会受到惩罚，《白雪公主》中的王后就是个很好的例子。总之，《格林童话》让学生更深刻地了解了人世间的真、善、美，认识了人性丑陋的一面，明白了幸福总是青睐那些勤劳与善良的人。

# 赏精彩片段　叹自然神奇

## ——《自然史》阅读分享交流课教学设计与反思

**学习目标：**1. 了解动物性格的形成过程。2. 从动物身上汲取精神力量。3. 品味精彩片段，感悟表达方法。

**教学重难点：**品味精彩片段，感悟表达方法。

**教学过程：**

一、问题导入。

同学们，你们觉得一本书像什么？一本书像一位良师，可以教给我们无穷的知识；一本书像一盏指路灯，照亮我们前进的方向……是的，一本书就像一个大宝藏，有些人能找到很多宝贝，有些人却什么也找不到，关键就在于他们挖掘宝藏的方式方法不一样。最近，我们一起阅读了课外书籍《自然史》，相信大家一定收获了许多。今天就让我们来汇报交流一下，请大家畅所欲言，尽情展示！

二、简介作者。

1.（大屏幕出示书本）请同学谈一谈对布封的了解。

2. 引导学生思考：作者布封为什么要用狮子作为封面？小组内讨论交流。

三、依据句子描写猜一猜。

1. 出示句子猜动物：大屏幕出示相关语句，同学们自由朗读猜出描写的动物。

①它的牙齿如同尖刀一般锋利和坚固，能毫不费劲地撕开猎物的皮肉，咬碎猎物的骨头。（狮子）

②它们跑起来像风一样迅疾，一闪而过，你甚至都还没反应过来，它们就已经跑得无影无踪。（兔子）

③这时候，它们小巧的身体反而成了一种优势，它们可以紧紧地趴伏在敌人身上，用又尖又细的嘴不停地啄敌人，直到发泄完心中的怒火，让敌人再也不敢无故招惹自己。（蜂鸟）

小结：大家的阅读让我感受到了自然界中各种动物的魅力。

2. 同桌拿出制作的动物卡片，互相猜一猜动物的名字。

四、细细交流品味。

1. 小组讨论交流，谈一谈读完这本书之后，令你印象深刻的某种动物。

2. 小组汇报：请每个小组选出一位代表上台介绍动物。学生依据自己提前准备的内容选择自己喜欢的形式交流。（动物卡片、手抄报、自己做的ppt……）

3. 教师总结：学贵有疑。带着疑问去读书，收获会更大。

五、总结延伸。

1. 同学们，阅读一本课外书时，如果有好的阅读方法，能让我们在同样的时间内有更多的收获。这本书中的每种动物身上都有值得我们学习的地方，布封就是通过动物来观察大自然和这个世界的。

2. 除了这本书，布封撰写的《地球史》《人类史》《矿物史》等书籍也都值得同学们去阅读品味，希望大家能够在阅读中感受它们不一样的魅力。

**板书设计**

自然史

学贵有疑

**教后反思：**《自然史》是一部博物志，包括地球史、人类史、动物史、鸟类史和矿物史等几大部分，综合了无数的事实材料，对自然界进行了精确、详细、科学的描述和解释，提出了许多有价值的创见。《自然史》的文学价值也很高，其中关于动物活动形态的描绘尤富艺术性。作者以科学的观察为基础，用形象的语言，通过拟人化的手法，勾画出一幅幅动物的肖像。

在这节阅读交流课中，教师真正做到了“放手”，通过制作动物卡片、手抄报等让每个孩子都有事可做、有话可说。从制作课件到上台讲解，每个孩子都认真地做了准备，平时默默无闻的同学竟也能大方地上台讲解，吐字清晰、讲述流畅、自然大方。这样的阅读交流课，极大地提高了孩子的阅读和分析整理能力。

# 绘本阅读

绘本是深受儿童喜欢的文学作品，被公认为是儿童早期教育的最佳读物。绘本以图画传达故事情节，很符合儿童阅读的特点，图与画之间呈现出独特的叙事关系，表达了绘本的整体意境，对孩子进行美的熏陶和教育。绘本贴近儿童的世界，能够激起儿童的阅读兴趣，首先，绘本书中色彩鲜艳的图画、精致的版式、独特的构图，能够在视觉上引起儿童的愉悦情绪。其次，绘本中简练的语言和丰富生动的图画可以给孩子预留想象的空间。

绘本课绝不仅仅是讲故事，还应该让学生学习故事中传递的知识或其他内涵。教师授课重点不是故事本身，而是不拘泥于绘本，从故事中引出有用的东西，传递给学生。

教师要站在儿童的视角，以儿童生命成长为核心，从培植儿童的阅读兴趣入手，以发挥作品审美功能为主，兼顾娱乐、认知、教育功能，开发设计绘本阅读课程，让课程滋润丰盈儿童的生命。

# 你问我爱你有多深

## ——《猜猜我有多爱你》教学设计与反思

**学习目标：** 1. 师生共读，享受故事带来的乐趣，激发学生阅读绘本的兴趣。2. 选择具体画面，联系生活实际，展开丰富的想象，将画面内容用生动具体的语言描述出来。3. 在阅读和描述绘本的过程中，学会表达爱。4. 阅读绘本，让孩子发现身边所爱的人，并思考用怎样的行动爱他们。

**教学重难点：** 1. 培养学生的说话兴趣和阅读理解能力。2. 在听读故事中学会思考和阅读。3. 阅读绘本，让孩子发现身边所爱的人，并思考用怎样的行动爱他们。

**教学过程：**

一、激趣导入。

1. 今天，老师给同学们带来了一个精彩的绘本故事，瞧，这是故事的第一扇大门——封面，你看到了什么？《猜猜我有多爱你》。（出示课件：《猜猜我有多爱你》封面，引导学生观察图画、文字、书名、出版社、作者）。2. 请同学们注意用眼睛仔细看，用耳朵认真听，跟着老师一起走进故事。

二、细读体悟。

1. 指导阅读第一个描写动作的对话：大栗色兔子让小栗色兔子坐在它的背上，双手抓住它的长耳朵，像骑马一样，在外面疯玩了一天。夜色降临——

2. 领读故事：小栗色兔子该上床睡觉啦（图画拉近），可是它紧紧地抓住大栗色兔子的长耳朵不放。它要大兔子好好听它说，“猜猜我有多爱你？”大兔子说：“哦，这我可猜不出来。”“这么多。”小兔子说，它把手臂张开，开得不能再开。大兔子见状，也把手臂张开，它的手臂要长得多。“我爱你有这么多。”她说。小兔子见了心想，嗯，这真是很多。

（1）提问：小兔子用了一个什么动作来表示爱？把手臂张开，张到无法再张开。哦，把手张开，张到无法再张开（动作），谁能张开看看？张开手的时候要说什么？妈妈，我爱你有——这么多。

过渡：好了，你们都把手张开了，老师也想来试试，我代表兔妈妈。兔妈妈也把手张开，张到无法再张开（动作）说：我爱你有这么多。

（2）孩子们，为什么小兔子和兔妈妈都要把手张开，而且还要张到无法再张开（动作）？引导学生明白大兔子心里的爱多。哦，因为爱对方，而且爱得很多，对吗？

（3）到底是小兔子爱得多呢，还是兔妈妈爱得多呢？谁敢跟我比比？谁觉得自己能把手张开、张大（动作）？

学生做张开手臂的动作。好，小兔子把手张开的时候还要说话，边做动作边说话，你们帮它说，好吗？我爱你有——一起说，预备，起！我爱你有这么多。好，兔妈妈来了。我爱你有这么多（动作），大家比一比，谁的爱多？

过渡：小兔子做张开双臂这个动作，说了一句“我爱你有这么多”来表达自己对妈妈的爱，我们再来猜猜小兔子还会用什么方法表示对妈妈的爱。我们一起再继续读一读。

3. 指导阅读第2～3个动作：小兔子看自己没有比过兔妈妈，它又想出了一个新办法。“我的手举得有多高我就有多爱你。”小兔子说。只见它的双手高高地举过头顶。大兔子也把自己的手臂举起来，长长的手臂似乎都要够到天啦。“我的手举得有多高我就有多爱你。”大兔子说。小兔子抬头看着大兔子的手臂，仿佛看不到尽头。这可真高啊，我要是有这么长的手臂就好啦。当大兔子的手臂比小兔子张得更开、伸得更高的时候，小兔子又有了一个好主意。仔细观察图片，请同学们猜一猜。

4. 出示课件：它倒立起来，把脚撑在树干上（画面拉近），“我爱你一直到我的脚趾头”。大兔子笑了笑，它把小兔子抱起来，甩过自己的头顶，“我爱你一直到你的脚趾头”。这可比小兔子厉害多了。

5. 填补第四个动作内容。出示小兔子跳来跳去的图画，去掉文字。

（1）小兔子仍不服气，它继续绞尽脑汁想着新的办法。大家看小兔子在草地上干什么？跳上跳下。

（2）小兔子跳上跳下，跳得气喘吁吁。哪位小朋友能学着前面小兔子的说话方式帮跳上跳下的小兔子表达一下对兔妈妈的爱呢？“我跳得多高就有多爱你。”小朋友们太聪明了，我们帮小兔子配上对兔妈妈说的话。小兔子笑着跳上跳下，对兔妈妈说：“我跳得多高就有多爱你。”大兔子也笑着跳起来，跳得那么高，耳朵都碰到树枝了。“我跳得多高就有多爱你。”小兔子看到兔妈妈跳起来像飞一样，心想，我要是能跳得这么高就好了。

小兔子真的太爱它的妈妈了，它用了很多很多的动作来表达自己的感情，可是它太小了，总是比不过妈妈，这时候，小兔子看到了眼前的小路和小河。

6. 指导阅读5～6部分的故事：仔细观察图画，这时小兔子又会怎么说、怎么做呢？学生自由交流。（出示课件）大兔子说：“我爱你，远到跨过小河，再翻过山丘。”这可真远啊，小兔子想。

7. 小兔子和妈妈疯玩了一天。它实在太困了，再也想不到更多的东西了。它望着黑沉沉的天空中挂着一轮新月，想着“没有什么比黑沉沉的夜空更远了”。“我爱你一直到月亮那里。”说完，小兔子闭上了眼睛。“哦，这真是很远，非常非常的远。”大兔子边说边轻轻地抱着小兔子，把小兔子放在用叶子铺成的床上，它低下头，亲了亲小兔子，对小兔子说晚安，然后它躺在小兔子身边，微笑着轻声说：“我爱你一直到月亮那里，再从月亮上回到这里来。”

三、感情朗读。

同学们，故事结束了，让我们再来重温一下，小兔子用什么方式来表达对妈妈的爱。面对小兔子爱的语言，大兔子是怎样回答的呢？请同位之间分角色朗读，一个读小兔子的话，一个读大栗色兔子的话。自己试着读一读吧。男女生分角色朗读、指名朗读、师生分角色朗读。

四、拓展延伸。

1. 创设情境，训练爱的表达方式：同学们，这是小栗色兔子和大栗色兔子之间爱的故事，下面让我们看看平时妈妈是怎么爱你们的（欣赏视频）。

2. 给你一次机会，学着小栗色兔子的方式，加上动作，来表达一下你对妈妈的爱（学生交流）。

3. 我们的爱不光要大声说出来，还要用行动表达出来。你打算怎样爱你的妈妈（学生交流）？

五、小结。

当你很爱很爱一个人的时候，也许你会想把这种感觉描述出来，就像小兔子和大兔子那样，可是爱实在是一种不容易衡量的东西。老师想要告诉大家的是，爱虽然不易衡量，但是爱，完全可以表达出来，以任何一种方式，除了语言，还有我们的实际行动。今天小朋友回到家后，千万别忘记用你的实际行动表达对妈妈的爱。

六、推荐阅读。

《逃家小兔》和《外婆变成了老娃娃》。

**板书设计**

猜猜我有多爱你

用眼睛看

用耳朵听

看图猜测

**教后反思：**《猜猜我有多爱你》是一个简单得不能再简单的故事，它简单到只剩下几段对话，但就是这几段对话，却让世界上的人都为之着迷。带领学生阅读这个充满爱的故事，感受这个故事的美，十分必要。在教学过程中，教师引导学生观看图画猜测故事情节，做动作体会妈妈给予我们的爱更多，让学生尝试着用“我爱你，……”这样的句式来续写这个故事，写出小兔子对大兔子的爱，在续写中学会表达自己的爱。

# 与众不同的南瓜汤

——《南瓜汤》教学设计与反思

**学习目标：**1. 观察图片，结合文字，预测故事的发展，感受绘本阅读的乐趣。2. 图文结合，培养学生的观察、表达、想象能力，并从中体会友谊的珍贵，朋友间要学会相互包容。3. 从绘本中学习语言表达的规律并进行创作，为《南瓜汤》这个故事续写一个精彩的结尾。

**教学重难点：**从绘本中学习语言表达的规律并进行创作，为

《南瓜汤》这个故事续写一个精彩的结尾。

**教学过程：**

一、预测导入。

同学们，仔细观察封面上的图片并结合题目《南瓜汤》，预测一下这将会是一个怎样的故事。学生对故事内容进行预测。同学们预测了很多，想象力也很丰富，那么就让我们一起走进今天的故事。

二、故事讲述。

1. 南瓜汤，是这世界上最好喝的汤，这汤是如何做出来的？为什么说这是世界上最好喝的汤？

2. 指名同学猜测：这是猫……这是松鼠……这是小鸭子……这是三个伙伴一起完成的汤。

3. 继续讲故事：三个小伙伴发生了冲突，让我们来看一下那个场面。大家可以在小组之间表演一下，感受当时场面的混乱。让学生上台演一演。大家感受到了混乱。

4. 发生矛盾时说出的话语总是那么伤人，所以一通吵闹之后，小鸭子走了。小鸭子走后，猫和松鼠又是怎么做的呢？

5. 当小鸭子再次出现在小白屋里的时候，三个小伙伴做了什么事情？这次小鸭子能够搅汤了吗？为什么说它们又做出了世界上最好喝的汤？小鸭子是一只喜欢尝试新鲜事物的鸭子，所以它又提出了一个要求：吹风笛。

6. 大家仔细观察图画，说说这是一个怎样的场面。场面极其混乱。那小鸭子最后吹风笛了吗？吹得怎么样？大家看封底的图画。

三、总结。

我们在生活中要学会合作，包容他人的错误，养成团结友爱的好习惯。

四、拓展延伸。

续编故事的结尾。

**板书设计**

南瓜汤
合　作
包　容
团　结

**教学反思：**《南瓜汤》这个故事讲述的是三个好朋友生活在一起，一起煮着南瓜汤。但是慢慢地，鸭子开始不甘心于煮汤时放盐的工作，它想要搅汤。松鼠不干了，想要抢回它的汤勺，猫也来帮忙，于是鸭子负气离家出走。最初，猫和松鼠都坚信鸭子自己会回来，可它们等了很久，仍然不见它回来，它们开始着急地外出寻找。正当它们失望地回家时，看到小木屋里亮着灯。原来是鸭子回来了，它们又开心地一起煮美味的南瓜汤。

在讲述绘本故事的过程中，教师通过问题的设计，引导学生猜测故事的发展，极大地激发了学生的阅读兴趣与阅读期待。三年级的学生已经有了一定的阅读能力，因此，在教学过程中要以学生的自读为主。

我们的生活中也经常发生一些不愉快的事情，有些人经常有一些奇怪的想法，有些人会打破原有的生活规律。引导学生联系生活想一想，你会是故事中的小鸭子吗？还是故事中的松鼠？故事中，当猫和松鼠看到鸭子回来的时候，一种失而复得的感觉油然而生。对于同学们来说也是这样，生活在班集体中，发生争吵是不可避免的，但良好的沟通与谅解可以化解矛盾，使友情升温。同时，故事也告诉我们要善于沟通，遇事要分工合作。

# 和平之花永远盛开

## ——《铁丝网上的小花》教学设计与反思

**学习目标：**1. 师生共读，了解故事内容。2. 引导学生抓住画面细节感受残酷的战争中罗斯·布兰奇的善良、勇敢。3. 领会象征意义，播下和平的种子。

**教学重难点：**战争和死亡是沉重且残酷的话题，让学生在听故事的过程中体会到战争的残酷，感受到小姑娘罗斯·布兰奇的善良、勇敢。

**教学过程：**

一、导入。

今天，我们一起来阅读一个绘本故事。出示题目：《铁丝网上的小花》。齐读。

二、读封面。

1. 仔细观察图片，你看到了什么？引导学生发现主人公的蓝眼睛。

2. 她拉开窗帘，想看什么？她又看到了什么？引导学生发现窗户玻璃映出的街区一角。

3. 你觉得小女孩的眼神是怎样的？结合题目，猜想到底发生了什么事。激发学生的阅读期待。

三、讲故事。

1. “我的名字叫罗斯·布兰奇，我住在德国……落满了鸽子。”你们喜欢这个小镇吗？它给你什么感觉？

2. “有一天，来了第一辆卡车。很多男人离开了小镇。”出示图片，观察：一辆军车车头冲进了画面，预示着战争的到来。他们离开自己的家要去干什么？

3.“他们都穿着和士兵一样的服装……并且还得捏着自己的鼻子。”

4.引导学生继续观察图片：战争就要来了，这个小镇上的人们都在干什么？“有一个头戴礼帽，身穿燕尾服的绅士站在房顶上捅烟囱，有一个小孩在滑滑板，几个行人正常往来……战争虽然来了，但是生活还得继续，炊烟还得燃起。有的时候，好像事情真的没有发生什么变化……减速的。”

5.“有好多次，我从河边走，就是为了看看这条河、树枝子，有时还有破旧的玩具，顺水漂去。我喜欢这条河的颜色，它看上去像天空一样。”鸭子在水中悠游，生活这么美好，可是画面中除了倒影好像还多了点什么？请同学们将绘本倒过来，更清楚地发现铁丝网。这里为什么会出现铁丝网？这预示着什么？学生说出自己的猜测，提出疑问，激发阅读期待。

6.“那些汽车看上去很好玩。我们站在家门口看着它们从眼前经过，这一切发生得非常快。”引导学生想象：我们可以看见小女孩……她不由自主地捂住了嘴巴，她一定非常吃惊。

7.“我想知道小男孩去了哪里，所以我一直盯着汽车看，直到……我随着车轮的痕迹进入树林，发现了一片开阔地。”引导学生观察：你们注意到这时候小女孩的眼睛是什么颜色？她到底看到了什么？

8.“突然，一道带刺的电网挡住了我的去路……我感到很冷。”引导学生思考：眼前的景象给你什么感觉？现在你在想什么？他们都站在长长的木屋前，静静地看着你，好像在说——

9.苍白的冬季一天一天地过去了。罗斯·布兰奇的胃口……它们都不开车灯，从来也不停下来。注意观察小女孩，引导发现小女孩头上的红色蝴蝶结不见了。

10. 一天早晨，镇上所有的人都带着自己的盆盆罐罐、大包小包和桌椅板凳逃难去了……向人要水喝。战争开始了，大家都准备逃难了。可是这些逃难的人中没有罗斯，这么危急的关头她去哪里了？罗斯·布兰奇在那一天不见了，她又一次走进了树林。

11. “大雾掩住了去路。为了……她一动不动地站在那儿。”观察图片，罗斯的表情是什么样的？难过极了。铁丝网上为什么会有小花？空荡荡的铁丝网旁却有一朵充满生气的花，你有什么感觉？

12. 树木之间有人影在移动。很难看清……而且他们说的语言也和我们的不同。小镇再也不是当初看见的景象了，残垣断壁，战争摧毁了小镇的生活，摧毁了小镇的一切。铁丝网上的小花呢？去了哪里？是的，枯萎了。时间过去了很久很久，罗斯·布兰奇的母亲一直等着她的小女儿，等了很久很久。番红花终于从地上冒出了芽。河水上涨了，溢出了河岸，树木都变绿了，鸟儿落满了枝头。春天在歌唱。

四、再次观看画面，感受细节。

1. 从封面开始重新观看画面。现在，我们再静静地一起去体会一下，重组故事。

2. 聚焦画面，联想感悟：许多幅画面中都出现了镇长的红袖标和小女孩的红色蝴蝶结，那鲜艳的红色代表了什么？嘲讽战争，和小女孩的纯洁善良形成对比。小镇居民的屋顶几次超出了画框，战败时敌军的炮筒超出了画框，这又预示着什么？仿佛预示着人们的生活终究会走向光明。

3. 交流：故事中的罗斯·布兰奇是个怎样的小女孩？你觉得铁丝网上的小花象征着什么？

五、总结升华。

战争像魔鬼一样，破坏了太多人平静的生活和内心。但是像罗斯·布兰奇一样善良、勇敢，同情别人、充满爱心的小花般的小女孩也一直存在于这个世界上。

**板书设计**

铁丝网上的小花

善良同情

爱心勇敢

**教学反思：**《铁丝网上的小花》这本绘本故事书中没有出现任何血腥杀戮的场景，但是它却用间接的手法清晰地传达了战争给人们带来的灾难。它以平实、简洁的叙述语言和精美逼真的彩色画面深深吸引了小读者的注意力，让他们能在看似平淡的故事情节中去了解和体味纳粹的邪恶以及犹太民族在二战中经受的苦难。更为重要的是，对涉世未深的孩子来说，书中的主人公为什么会主动地在那种恐怖狂热的氛围中，甘冒风险为那些被囚禁的犹太儿童送去食物？她的冒险动机是什么？作者要传达给小读者的是主人公罗斯·布兰奇善良、勇敢的美好品德，在别人需要帮助的时候伸出援手应该是人性中固有的美德。

绘本没有战火硝烟，没有血淋淋的镜头，但铁丝网、鲜红的纳粹旗帜、镇长的红袖标、坦克车、灰暗的天空……这些描写无疑都是对战争的映射。从一个小女孩的视角来观察战争，正是这本绘本的独特之处，没有种族歧视，没有硝烟战火，没有伤害更没有杀戮。

阅读这本绘本，学生能够明白战争的残酷与无情，战争没有胜利者，战争带来的是无情的伤害与牺牲，面对未来世界，我们更多的期待是和平。在这节课的学习中，教师给予了学生大量的想象空间，同时结合具体问题进行小组讨论与交流，使学生碰撞出更多精彩的火花！

# 父爱如山

## ——《我爸爸》教学设计与反思

**学习目标：**1. 渗透绘本阅读的一般方法，激发学生课外阅读的兴趣；2. 激发学生想象，引导学生看图说话，说完整的句子；3. 结合绘本和低年级学生的特点，进行图文并茂的创作。

**教学重难点：**学会看图的一般方法，激发学生想象，诱发学生的创作欲。

**教学过程：**

一、导入。

1. 出示句子，齐读："也许你拥有无限的财富，一箱箱的珠宝和一柜柜的黄金，但你永远不会比我富有，我有一位读书给我听的老师。"我们一年级的小朋友就能把这么难的诗读下来，真厉害！其实这首诗本来不是这样的，因为我是老师所以我改了，原来是这样的："也许你拥有无限的财富，一箱箱的珠宝和一柜柜的黄金，但你永远不会比我富有，我有一位读书给我听的妈妈。"一起读。

2. 妈妈会不会给你们讲故事？在家里有一个读书给我们听的妈妈，到学校有一个读书给我们听的老师，你的童年就会变得特别温暖、特别明亮。今天，老师就给大家读书、讲故事好不好？想听的同学举手。没有不爱听故事的小耳朵，所有的小耳朵都爱听故事。好，故事马上开始了！

二、读文赏图，想象说话。

（一）讲述这本书的来历：这是发生在英国的一个感人的故事，有一个小男孩，他的爸爸特别疼爱他，经常教他画画，给他讲有趣的故事，在爸爸的呵护下小男孩慢慢地长大了。在他17岁那年，不幸的事情发生了，他爸爸突然去世了。小男孩悲痛不已。多年来，小男孩一直思念着他的爸爸，于是他用手中的笔写下了一本书。你们是不是特别想读这本书？今天我们就一起来看一看吧。

（二）出示封面。

1. 看看这本书叫什么？大家读读题目《我爸爸》，注意中间要停顿。我们把课题写下来，你发现了什么？引导学生发现作者是安东尼·布朗。再看看这幅图的下面，你有什么新发现？这本书是哪里出版的呀？河北教育出版社。你们的眼睛真亮啊！刚才我们从封面上了解了书名，认识了作者安东尼·布朗，还知道了这本书的出版社。

2. 我们一起走进这本书吧！看大屏幕，这就是我爸爸！你们觉得我爸爸长得怎么样啊？胖乎乎的，穿上黄色的睡衣就显得更胖了。还有呢？可爱。可爱在哪里？对啊，笑眯眯地望着我们，爸爸的笑容就像背后的太阳一样照耀着我、温暖着我。所以安东尼在书中这样写道：这是我爸爸，他真的很棒！（一起读）读书要像说话一样自然。再来！自然、轻声、有力、不拖拉。谁再试一试？教师范读。像我这样读一读！再读。我爸爸棒在哪儿呢？我们继续看看。

3. 出示图片，仔细观察，图上画着谁和谁？图上画着我爸爸和一只大灰狼，那我爸爸和大灰狼之间发生了什么样的故事啊？赶快想一想、编一编，把这个故事讲给同桌听一听。待会儿我们听一听谁的故事讲得好。

4. 分享故事，指名学生说一说。表扬词语用得好的同学，表扬观察得仔细的同学。他把隐藏的内容编进了他的故事，编得怎么样？用一个词形容一下。你觉得这是一个什么样的爸爸？（板书：勇敢）一起读读这个词。多勇敢的爸爸呀，所以安东尼在书中这样写道（一起读）：“爸爸很勇敢，连大灰狼都不怕，他真的很棒！”

5. 爸爸还棒在哪儿呢？出示图片。这是谁啊？你怎么知道？联系前面，因为他穿着黄格子睡衣。那我爸爸像谁啊？像大猩猩。他正在做什么？哇！爸爸就像大猩猩金刚一样轻轻松松就把这么重的杠铃举起来了！你觉得爸爸怎么样啊？很强壮，很棒，大力士。我爸爸长得可强壮了。一起来读读“强壮”这个词，大家能不能加上动作来展示爸爸的强壮啊？所以，安东尼这样夸他爸爸：“我爸爸像大猩猩一样强壮，他真的很棒！”大家能加上动作读这个句子吗？

6. 爸爸还棒在哪儿呢？我们接着往下看。那爸爸还像谁一样呢？出示（河马），谁来说一说？我们快乐地读一读：“我爸爸像河马一样快乐。”爸爸很快乐呀，我们来快乐地读读这个句子，好吗？我爸爸像河马一样快乐，他真的很棒！笑呵呵地读一读。

7. 继续读绘本，读爸爸的变幻。

（1）我们接着往下看，我爸爸像________，他真的很棒！

板书：高大。（一起读一读这个词）把这个词放到句子里面读一读吧！

（2）爸爸还棒在哪儿呢？我们继续看，谁来说？（没有提示语）板书：聪明。所以安东尼在书中这样夸道：“我爸爸像猫头鹰一样聪明，他真的很棒！”

（3）出示四幅图。刚才我们读了书，我爸爸像（出示四幅图说一遍）像______还像_____，他真的很棒！

（4）请同学们再看看这四幅图，你们观察到什么了？相同的地方在哪里？我爸爸都穿着一件黄色的睡衣。是啊，爸爸在不同的场合都穿着黄格子睡衣。你知道吗？这件睡衣是安东尼的爸爸留给他的遗物。每当安东尼看着这件睡衣时，他就会想起他的爸爸，就会想起和爸爸之间发生的每一件事情。在安东尼的心里，他的爸爸还棒在哪儿呢？我们继续往下看。

（5）PPT出示小熊图片。温柔、善良、可爱的爸爸！接着往下看：（马）我爸爸；继续看：（鱼）灵活。（做鬼脸）为什么做鬼脸啊？为了逗我笑，所以我感到——很幸福。（踢足球）我爸爸足球踢得怎么样？接着看我爸爸还干了什么？参加马拉松。爸爸像熊一样温柔、像马一样可爱、还像……在马拉松比赛中还得了第一名，他真的很棒。读到这里，在我们的心中以及安东尼的心中，爸爸的勇敢是为了保护我，爸爸的强壮是为了让我多锻炼，爸爸的快乐是为了让我更快乐。爸爸做的一切都是为了我，都是为了表达他对我的——爱！板书：爱。

爱在我和爸爸之间。所以爸爸就像太阳一样温暖着我、照耀着我，来让我们一起读：爸爸爱我！在安东尼的心中，爸爸永远永远都是那么棒，所以——我爱爸爸！出示最后一页。

（三）你们的爸爸也一定很爱你们，你们从哪里感受到爸爸的爱？同桌互相说一说。

**板书设计**

**教学反思：**《我爸爸》这本书的作者是安东尼·布朗，故事内容很简单，从一个孩子的视角生动地表达了对爸爸的崇拜和赞美，表达了“我”和爸爸的爱。爸爸是孩子们最亲近的人，他们在每个孩子的心目中可能都不一样，但那种爱的情感是相同的。选择这本书的目的是培养孩子看图说话的能力，希望让孩子从书中获得情感的相通与共鸣，重新审视与体验父爱这种伟大的感情，让孩子们心目中朦朦胧胧的情感得以升华。

在整个教学过程中，教师从封面入手，以“我爸爸真的很棒！”为主线，我爸爸究竟“棒”在哪里？引导学生一页一页地看，出示“我爸爸很棒”的课件，把这些图分成几组，边看边解读，帮助学生丰富对“棒”的理解：勇敢、强壮、快乐、高大、温柔、聪明、幽默，步步推进，丰满认识，对爸爸的爱也就越来越自然入心。

在这节课中，不光要教给学生认真观察的方法，还要引导学生关注画中画，在细节里学会读图画，悟情感。凶恶的大灰狼背后是胆小的小红帽，还有三只小猪，这些都衬托出了大灰狼的可怕，但是我爸爸一来，凶恶的大灰狼就夹着尾巴逃跑了，对比强烈，生动有趣。引导学生在观察中感受爸爸的厉害和勇敢，收到了良好的效果。教师通过绘本中多次出现的一个小细节——“太阳”图案，引导学生体会到爸爸就是我心中的太阳。

# 神奇的剪刀　深沉的爱恋

## ——《爷爷一定有办法》教学设计与反思

**学习目标：** 1. 师生共读，让学生喜爱绘本阅读，享受阅读乐趣，激发学生对绘本的阅读兴趣。2. 进行读书方法的指导，让学生通过朗读和欣赏画面，细心观察、展开想象，享受到更多的阅读乐趣，知道图片也会说话。3. 欣赏故事，体会爷爷在缝制毯子、外套、背心、手帕、纽扣时也密密地缝进了他的一片爱，感受爷爷和约瑟之间的浓浓亲情。4. 凭借绘本，激发学生的想象力和创造力，进行故事创编。

**教学重难点：** 体会爷爷在缝制毯子、外套、背心、手帕、纽扣时也密密地缝进了他的一片爱，感受爷爷和约瑟之间的浓浓亲情。激发学生的想象力和创造力，进行故事创编。

**教学过程：**

一、师生谈话，根据题目推想情节。

小朋友们，今天老师给大家带来了一本非常有意思的图画书。（课件出示封页）让我们一起大声地读出故事的题目——爷爷一定有办法。谁一定有办法？再来读一读。看到这个题目，你有什么想问的吗？

二、看图书封面，了解书的基本情况。

同学们的问题还真不少。不着急，让我们到书中去寻找答案吧！首先，我们一起来读读这本书的封面。（出示封面。）

1. 观察封面：看，封面上一位慈祥的白胡子老爷爷手里牵着一个可爱的小男孩，这个小男孩就是他的小孙子，叫约瑟，他们手拉着手，在乡间的小路上走着。猜猜看，这个故事会讲些什么呢？

2.（出示环衬页）观察上面有些什么？（带星星的蓝色图案。）这是一块蓝色的布料。故事啊，就从这里开始了——

三、观察图画，了解变化。

（一）奇妙的毯子

1.“当约瑟还是娃娃的时候，爷爷为他缝了一条奇妙的毯子。”指导学生朗读——毯子又保暖又舒适，还能把噩梦通通赶跑。

2. 引导学生看图观察：你们看，小约瑟盖上这条毯子，睡得多甜哪。小约瑟每晚都伴着甜美的梦入睡。这真是一条奇妙的毯子。爸爸妈妈、爷爷奶奶都非常喜欢约瑟。瞧瞧，他们看约瑟的神情。

3. 过渡：“不过，约瑟渐渐长大了，奇妙的毯子也变得老旧了。有一天，妈妈对约瑟说：‘约瑟，看看你的毯子，又破又旧，好难看，真该把它丢了。’”

4. 想一想：如果你是约瑟，你会怎么做？约瑟愿意丢掉毯子吗？你怎么看出来的？约瑟会说些什么？——爷爷一定有办法。

（二）“毯子”变“外套”

过渡：约瑟拿着毯子跑到爷爷家，爷爷一看，拿起了毯子，翻过来，又翻过去。

1. 指导朗读：“爷爷拿起剪刀开始咯吱咯吱地剪，再用针飞快地缝进、缝出、缝进、缝出。爷爷说：‘这块料子还够做……’”猜一猜：这块料子还够做什么呢？

2. 看图观察：那爷爷究竟做了什么呢？让我们睁大眼睛来看——“……一件奇妙的外套。看，秋天来了，这外套改得正是时候呢！约瑟穿上这件奇妙的外套，开心地跑出去玩了。”

3. 想一想：看，约瑟在和他的好朋友打招呼呢！好朋友看见约瑟穿上这件奇妙的外套会说什么呢？小约瑟听到赞美，心里会想到谁？

4. 总结阅读绘本的方法：阅读绘本时不光要读文字，更不能错过其中美丽的画面，在读的过程中还要动脑筋猜一猜、想一想故事的情节。

5. 过渡："不过，约瑟渐渐长大了，奇妙的外套也变得老旧了。一天，妈妈对他说：'约瑟，看看你的外套，缩水了、变小了，一点儿也不合身，真该把它丢了！'"

（三）"外套"变"背心"

1. 看，他的小伙伴也觉得外套太小了，可是约瑟愿意丢掉旧外套吗？约瑟会说："爷爷一定有办法！"齐读。约瑟跟我们一样对爷爷充满信心，于是，他拿着这件老旧的外套跑到了爷爷家。爷爷正忙着给客人量身做衣服呢！看到约瑟来了，爷爷会怎么做呢？

2. 指导朗读：让我们一起随着爷爷的剪子有节奏地齐读："爷爷拿起了外套，翻过来，又翻过去。'嗯……'爷爷拿起剪刀喀吱、喀吱地剪，再用针飞快地缝进、缝出、缝进、缝出。"

3. 猜一猜：爷爷说："这块料子还够做……"猜猜看还够做什么呢？一起来看，一件奇妙的背心！

4. 想一想、做一做：第二天，约瑟穿着这件奇妙的背心去上学，看，当他推开教室门的时候，小伙伴和老师多么惊讶！你们能不能想象出约瑟脸上的样子呢？他可能会怎么说？谁来表演一下？

5. 过渡：老师、同学们都很羡慕他，因为有爷爷为他做这么奇妙的背心。不过，约瑟渐渐——长大，奇妙的背心也变得——老旧了。

（四）背心—领带—手帕—纽扣

1. 时间一天天流逝，约瑟也在一天天长大，爷爷还会给他创造什么神奇呢？让我们看着精美的画面来静静地感受吧！教师配乐读故事，学生看画面。刚才哪个画面给你留下了深刻的印象呢？（重点画面：烛光晚餐。）从这些画面中，我们可以感受到约瑟的童年过得怎么样？（幸福快乐。）

2. 小结：因为图画也是会说话的，所以我们在读图画书的时候不光要看文字，千万别错过这些精美的图画。

3. 约瑟的这些幸福和快乐都离不开谁呀？（爷爷。）如果你是约瑟，你想对爷爷说什么？

4. 小结：是啊，爷爷用灵巧的双手为心爱的小孙子编织着一件件装满爱的衣物，这些温暖的衣物陪伴着约瑟度过了快乐的童年时光。时间在流逝，这些东西也慢慢地老旧，但爷爷的爱却始终陪伴在约瑟左右。

（五）纽扣丢失

1. 故事发展到这里，我们来猜猜看，这颗纽扣的命运后来怎样了？是不是像我们猜想的这样呢？一起来看看，（出示画面）师生合作读故事。（师）约瑟急急忙忙跑到爷爷家。（生）约瑟嚷着："我的纽扣！我的奇妙的纽扣不见了！"（师）妈妈也跟着跑来说："约瑟，听我说！"怎么说的呢？指名读："那颗纽扣没有了、不在了、消失了，即使爷爷也没有办法无中生有啊！"爷爷难过地摇摇头说："约瑟啊，你妈妈说得没错。"怎么办？纽扣不见了，约瑟的心情怎样呢？是啊，不光是约瑟难过，一家人都很难过。看看大家的表情。

2. 看图想象：（1）有没有人安慰他呀？猜猜小妹妹会说什么？（哥哥你别伤心，我把我的玩具让给你玩儿。）（2）有没有发现小妹妹的身后藏着什么？（一块带有白云图案的毯子。）

看起来小妹妹好像把这条毯子看得比娃娃还重要，藏在身后生怕哥哥发现，猜猜看，这毯子会是谁送给她的？（看来爷爷的爱还陪伴着小妹妹呢，多么温馨的一家啊。）

（六）出人意料的结尾

1. 约瑟是不是就这样一直沮丧下去呢？（没有。）来看看：第二天，约瑟去上学。嗯，回想起了爷爷、布料和自己之间的事情，约瑟拿起笔来，在纸上唰唰唰地写着。他说："这些材料还够……"纽扣已经没有啦，什么都没有了，还够做什么呢？想不出来很正常，老师第一次看的时候也想不出来，正是因为它的结局出人意料，所以才成了著名的故事。想不想知道？这些材料还够——写成一个奇妙的故事。（出示图画）看！约瑟正津津有味地把这个故事念给一家人听呢，他们喜欢这个故事吗？从哪可以看出？想一想：约瑟写的这个故事题目叫什么呢？（板书题目。）

2. 小结：这个故事的开头连着它的结尾，结尾连着它的开头，整个故事的开头和结尾连起来就像一个完美的圆。是不是很奇妙啊！

四、交流感悟。

1. 瞧，就是这本书。（出示书本及课件）这本书是加拿大画家、作家菲比•吉尔曼女士写的、画的，是台湾的宋珮老师翻译的。感谢他们给我们带来了如此奇妙的书。好书呀，还要与人交流，交流让我们得到的更多快乐。

2. 爷爷把一块普普通通的布料都做成了什么？依次板书：毯子、外套、背心、领带、手帕、纽扣，真是奇妙！约瑟为什么舍不得丢掉那些老旧的衣物？是啊，爷爷亲手缝制的一件件衣物记录着约瑟成长的岁月，陪伴着他童年的美好时光。约瑟越长越大，神奇的布料越变越少，但是始终不变的是爷爷对约瑟的——

爱！板书。

3. 你们喜欢这位爷爷吗？为什么？是呀，爷爷慈爱、勤劳，心灵手巧，无论遇到什么难题——爷爷一定有办法！

五、故事创编。

1. 纽扣真的消失了吗？它掉到哪里去了？（猜猜看，讨论。）

2. （出示图画）看图画的这个角落，这里还有一家子呢！老鼠一家在干什么？（发现纽扣。）观察小老鼠的头巾、小背心、背带裤，你们还发现了什么？它们怎么会有这些蓝色的布料呢？

3. （翻书）其实啊，在书的每一页的下面都有一长条，画着老鼠一家的生活。一本书，两个世界，两个故事，这就是这本书更奇妙的地方。

4. 引导学生想象，创编故事：神奇的蓝色布料会使小老鼠一家发生怎样有趣的故事呢？回到家可以自己编一编，明天讲给同学听一听。

**板书设计**

爷爷一定有办法

毯子、外套、背心、领带、手帕、纽扣

观察画面、猜测情节

**教学反思：**《爷爷一定有办法》是一本表现爱和创造力的图画书，写的是一个充满智慧、爱孙子的老爷爷，用巧手把孙子心爱的毯子变成外套、背心、领带、手帕、纽扣的故事。作者用重复而富有节奏的文字来讲述，既温馨又朗朗上口。图画则细腻地描绘出充满浓厚人情味的小镇和约瑟的家庭，画面下方的老鼠家庭更带来额外的阅读乐趣。“爷爷一定有办法”，这是约瑟对爷爷的信任。一个孩子，无论遇到什么样的情况，如果他能脱口而出“爷爷一定有办法”，这里一定凝聚了很深很深的爱。约瑟一家，整个小镇，小老鼠一家，在这块蓝色布料所代表的爱的映衬下，让人感到温暖而舒适。毯子成为一个象征，爱，就这样通过毯子传递下来。

《爷爷一定有办法》这个绘本故事的图画部分非常丰富传神。

一、观察画面，捕捉细节。

为了帮助孩子感受故事的奇妙，课上，教师引导孩子从纷繁的色彩里，去寻找简单的童真，读懂那些画面中蕴含的细节。如约瑟愿意丢掉毯子吗？你从哪里看出来的？小妹妹的白云毯子舍得送给哥哥吗？妈妈的怀里怎么多了一个宝宝？从图中你能知道纽扣去了哪里吗……太多文字没有提及的细节，孩子们用自己的眼睛从图中发现了，并在这些细节中丰富着故事，体会故事的奇妙以及蕴含的浓浓的情感。

二、猜测情节，阅读期待。

故事中，爷爷一共有五次“变”，在前两次爷爷说到“这块料子还够做……”时，教师让学生大胆地去猜测还够做什么；当约瑟穿着他的外套，他的朋友会对他说什么？当约瑟穿着奇妙的背心，他的同学和老师会说些什么？当他的外套背心老旧时，他的朋友又是什么样的表情、动作，又会说些什么？猜一猜，演一演。这种演绎不断激活了孩子们对故事内容的期待，使孩子们收获了互动的精彩。这是一种对故事中爷爷的赞美，是一种惊喜情绪的体现，更是对文本内容更深层次的解读。故事中那轻快的剪裁声，总能让人惊喜地发现一次次奇妙的变化，而那些边角料成了一个新的故事，也是这本书的奇妙之处。

# 坚持到底　不言放弃

## ——《想吃苹果的鼠小弟》教学设计与反思

**学习目标：** 1. 认识鼠小弟，了解鼠小弟不放弃、坚持到底的信念，体会团结合作、乐于助人的美好品质。2. 讲述绘本故事《想吃苹果的鼠小弟》，激发学生对《可爱的鼠小弟》系列书籍的阅读兴趣。3. 初步了解学习阅读绘本的方法。

**教学重难点：** 激发学生对《可爱的鼠小弟》系列书籍的阅读兴趣；初步了解学习阅读绘本的方法。

**教学过程：**

一、谈话导入。

今天，老师给同学们带来了一份精美的礼物，想知道是什么吗？（展示《可爱的鼠小弟》系列丛书）看！这套绘本故事的主人公是“鼠小弟”，让我们一起来和它打个招呼吧！

二、讲故事。

1. 下面，老师就给同学们讲一个有关鼠小弟的故事。出示课件《想吃苹果的鼠小弟》。

2. 有一天，鼠小弟出去玩，看见了一棵又高又大的苹果树。树上结满了又红又大的苹果。同学们，看到这些苹果，你心里会怎么想呢？鼠小弟和你们一样，真想吃到这红红的苹果啊，它仰着头，数着“1、2……”可是树太高了，鼠小弟又太小了，它会怎么做呢？

3. 同学们，如果你是鼠小弟，你会想什么办法？随机点评同学们的办法。

4. 就在鼠小弟着急想办法的时候，咱们看看谁来了？出示：来了一只小鸟，拿了一个苹果。小鸟是怎样拿走苹果的？指名说。鼠小弟看到小鸟拿走了一个苹果，它会怎么想、怎么做呢？出示幻灯片。唉，真可惜啊，鼠小弟太小了，小鸟又飞得太快了，小鸟没听见鼠小弟的声音飞走了，那怎么办呢？模仿鼠小弟的动作表情："鼠小弟拍打着小胳膊，飞啊飞啊，可是只能离开地面一点点儿，然后，'咚'就掉下来了，唉，要是我也有翅膀——"

5. 小鸟飞走了，鼠小弟又飞不起来，哎，那怎么办呀？点击画面：这时候来了一只猴子，拿了一个苹果。猴子怎么拿到苹果的呀？此时的鼠小弟又会怎么想、怎么做呢？苹果又被拿走了一只，鼠小弟不会爬树，看看它又在干什么？仔细观察画面，鼠小弟在使劲儿拉自己的鼻子，猜猜谁又来了？

6. 出示："来了一头大象，拿了一个苹果。"此时的鼠小弟又会怎么想、怎么做呢？尽管它将鼻子拉得又红又疼，手臂都酸了，可是仍然碰不到苹果。不过它没有放弃。

7. 出示鼠小弟拉长脖子的画面。它这是在干什么？你们知道它是在模仿谁吗？谁有长长的脖子？出示："来了一只长颈鹿，拿了一个苹果。"原来它看到了长颈鹿伸着长长的脖子，那么轻易就摘走了苹果，所以它说："要是我也有长长的脖子……"

8. 树上的苹果越来越少啦！同学们猜猜这些苹果还会被谁拿走？指名学生猜测。看看你们猜得对吗？出示袋鼠图、犀牛图。鼠小弟又会怎么想、怎么做呢？它使劲地跳，可是再怎么用力，它还是碰不到苹果。它学犀牛狠狠地去撞树，想把苹果撞下来，可是撞得头昏眼花，苹果树连叶子都没有动一下。鼠小弟撞破了脸，还是没有吃到那诱人的苹果。

9. 就这样，八个苹果被小鸟、猴子、大象、长颈鹿、袋鼠、犀牛拿走了六个，现在只剩下两个了。鼠小弟呀鼠小弟，你要是还不抓紧想办法苹果就没有了。鼠小弟现在的心情怎样呀？指名回答。

10. 就在这时，看看谁来了？出示海狮。请同学们观察一下，它和别的动物有什么不同？它跟小鸟、猴子、大象、长颈鹿、犀牛都不一样，它没有急着去吃苹果，而是看到了受伤的小老鼠。它们在说些什么呀？老师扮演海狮，孩子们扮演鼠小弟，开始对话。它关心地问："鼠小弟，你怎么了？"出示鼠小弟的话："你会飞吗？你会爬树吗？你有长长的鼻子吗？你有长长的脖子吗？你跳得高吗？你的力气大吗？"海狮回答说："这些我都不行。不过，我有一个本领……"那怎么才能拿到苹果呢？请你们猜一猜。你们知道海狮有什么本领吗？它们会用什么办法拿到苹果呢？出示海狮将鼠小弟当作球，顶到苹果树上的画面。鼠小弟到了苹果树上，终于拿到了苹果，它还扔了一个下来给海狮。它们终于吃到苹果了。教师提问：鼠小弟现在的心情如何？

三、重温故事内容。

同学们，在读绘本故事的时候我们不仅仅要读上面的文字，还要善于观察图画，发挥自己的想象力。看完绘本故事之后，我们要养成一个习惯，静下心来想想：这本书都写了些什么？重新播放故事，学生借助图片和文字，自己练习讲述。

四、揭示道理，教师小结。

1. 现在请同学们想一想，故事里有这么多动物，你喜欢哪一个呢？

2. 小结：大家的想法都很好，如果我们像小鸟、大象、长颈鹿一样有本领，请不要忘了往下看看，或许就有一只小小的鼠小弟在等着你帮助呢！如果我们像鼠小弟一样，又矮又小，暂时还没有更多的本领，不要放弃，努力去争取，就一定会遇到海狮这样的好朋友，大家互相合作，共同实现美好的愿望。

五、拓展延伸。

发生在鼠小弟身上有趣的故事还有很多很多，（出示幻灯片）请同学们课下找时间一起来读一读吧！推荐阅读《可爱的鼠小弟》系列绘本书籍。

**板书设计**

想吃苹果的鼠小弟

不言放弃

团结合作

**教后反思：**《可爱的鼠小弟》系列绘本画面简单，语言简短重复，取材平凡朴实，构思别具匠心，生动又不失内涵，让孩子们在生动有趣的故事中，潜移默化地受到心灵启迪。

为了激发孩子们对绘本的兴趣，认识鼠小弟，教师选取《想吃苹果的鼠小弟》这个有趣的故事，带领学生阅读绘本，引导孩子们初步学习阅读绘本的方法。《想吃苹果的鼠小弟》这个绘本画面简洁，鼠小弟的形象、动作十分夸张、诙谐，教师把观察讲述作为重点，引导孩子们观察鼠小弟的动作，猜测鼠小弟心里的想法，然后大胆表述。

在教学环节的设置上，教师利用《可爱的鼠小弟》系列绘本封面导入，重点让学生了解这套绘本有很多有趣的故事，并认识鼠小弟。在讲解《想吃苹果的鼠小弟》时，教师先让孩子们观察故事封面，感受苹果树的高大与鼠小弟的矮小，让他们想一想，这个鼠小弟想吃苹果得用什么办法。然后随着画面的展开，着重引导学生观察画面内容，感知小鸟是怎样吃到苹果的，鼠小弟在边上看到了小鸟，是怎么想的，它又是怎么做的。在这个环节中孩子们仔细观察鼠小弟的动作表情，模仿鼠小弟的动作，猜测鼠小弟的心理活动。“鼠小弟拍打着小胳膊，飞啊飞啊，可是只能离开地面一点点儿，然后‘咚’就掉下来了，唉，要是我也有翅膀，那该多好呀！”孩子们一边看着图画，一边做着动作。以上环节的铺垫，为孩子们阅读其他画面起到了示范作用。在接下来的故事环节中，教师结合幽默的画面让孩子们模仿各个动物的细节，如使劲拉自己的鼻子、把自己的脖子伸得长长的等。就这样，随着画面的层层推进，苹果一个一个被其他小动物拿走了，孩子们体会到了鼠小弟焦急的情绪。

随着故事情节的深入，海狮出现，海狮和鼠小弟一样，都想吃苹果，那怎样才能吃到呢？小小的悬念吸引着孩子们一页页翻下去。成功的作品是要给读者一个意外的惊喜。当看到鼠小弟被海狮高高地抛到空中，然后坐在高高的苹果树上，把苹果摘下来抛给海狮，它们终于吃到苹果的时候，孩子们爆发出了开心满足的笑声。

故事讲完后，教师又让孩子们静下心来，重温了一遍故事情节。这一环节不仅发散了学生的观察力和想象力，还大大提高了他们的口语表达能力，体会到鼠小弟不放弃、坚持到底的信心，感受它团结合作、乐于助人的良好品质。

在最后的拓展延伸环节中，教师再一次出示《可爱的鼠小弟》系列绘本，进一步激发了孩子们对该绘本的阅读兴趣和欲望。